作者简介

李世刚　法国巴黎第二大学法学博士，北京大学法学院博士后，香港中文大学法学院访问学者，首尔大学法学院客座研究员，韩国韩中日民商法统一研究所研究员。

现为复旦大学法学院副教授，从事民商法、经济法领域的教学与科研工作，并长期致力于比较私法的研究。

曾在《中国社会科学》《法学研究》《比较法研究》《法律适用》《法学杂志》《政治与法律》《社会科学》《国际商事法务》《国际比较法杂志》（Revue internationale de droit comparé）等国内外期刊杂志发表论文数篇，已出版专著两部。

多个研究课题获国家社会科学基金、中国博士后科学基金、教育部留学回国人员科研启动基金、教育部人文社会科学研究基金等支持，并参与多项国际学术合作项目。

　　本研究得到了2016年国家社会科学基金一般项目"法国新债法对中国民法典债编制定的启示与比较研究"（16BFX104）的资助

法国新债法

债之渊源（准合同）

李世刚◎著

人民日报学术文库

人民日报出版社

图书在版编目（CIP）数据

法国新债法：债之渊源：准合同／李世刚著 . —
北京：人民日报出版社，2017.3
ISBN 978－7－5115－4582－4

Ⅰ. ①法⋯ Ⅱ. ①李⋯ Ⅲ. ①债权法—研究—法国
Ⅳ. ①D956.533

中国版本图书馆 CIP 数据核字（2017）第 047919 号

书　　名：**法国新债法：债之渊源（准合同）**
著　　者：李世刚

出 版 人：董　伟
责任编辑：周海燕
封面设计：中联学林

出版发行：人民日报出版社
社　　址：北京金台西路 2 号
邮政编码：100733
发行热线：（010）65369509　65369527　65369846　65363528
邮购热线：（010）65369530　65363527
编辑热线：（010）65369518
网　　址：www. peopledailypress. com
经　　销：新华书店
印　　刷：北京欣睿虹彩印刷有限公司

开　　本：710mm×1000mm　1/16
字　　数：237 千字
印　　张：15
印　　次：2017 年 4 月第 1 版　　2017 年 4 月第 1 次印刷

书　　号：ISBN 978－7－5115－4582－4
定　　价：68.00 元

序言一

王利明

法国学者达维德指出,"债法可以视为民法的中心部分"。债法体系的设置是民法典编纂的关键所在。2016 年初,在中国民法典制定的关键时刻,法国完成了债法的现代化改革。法国改变了《法国民法典》自 1804 年起长达两百余年的传统债法规范体例,在制度设计上吸纳司法实践和理论研究的成熟经验。法国对民法典的改造是欧陆法系民法发展的重要事件,也成为比较法学上的关注热点。法国新债法有如下特色:

首先,《法国民法典》有了"债之通则"的单元。债法通(总)则成为欧陆法系法典的标配,"债"作为欧陆法系的特色概念得以强化。

其次,"债之渊源"成为法国新债法的逻辑起点。法国新债法按照先"债之渊源"、后"债之通则"、最后罗列特别合同的立法体例,一方面照顾了原有法典的体例,另一方面也兼顾了逻辑合理与形式优美,体现了立法者的智慧。从诞生之日起,《法国民法典》中的合同规范就长期肩负着债法总则的功能。这次债法改革,法国立法者通过拆分合同法,实现了债法体系的重构,也解决了本书作者所梳理出来的法国新债法体系构建与中国民法典制定所共同面对的一个重要议题:在合同法、侵权责任法已自成体系的情况下,如何进行法典化的抽象工作,处理好合同与法律行为、合同法与债法总则、债的渊源共性与个性等关系。在我国,立法机关目前不准备制定独立的债法总则,在此背景下,如何制定一部具有很强的体系性和包容性的合同法,有必要借鉴法国的经验。

再次,"其他债之渊源"成为法国新债法的开放端口。《法国民法典》新设的这一单元主要规定了传统概念"准合同"的三个类型：无因管理、非债清偿和（狭义）不当得利，但标题使用了具有开放性的"其他债之渊源"，以备未来立法填充的需要。1804年《法国民法典》采用了"准合同"的概念，但对其含义历来有两种不同的界定，一种强调它是"类似合同"或"推定合同"的法律现象；另一种则强调它是一种"利益不当变动的恢复机制"。第一种界定使得"准合同"概念具有开放性（如法国学者认为表见理论也可以被纳入）。而此次法国债法改革采纳了第二种界定（不当利益变动的恢复机制）。由此，"准合同"所包含的类型就非常有限（限于无因管理、非债清偿以及狭义不当得利）；但同时，为了保障债法体系的开放性，立法者使用了"其他债之渊源"的标题。如前所述，我国民法典将不设置独立的债法总则编，如借鉴法国法中的"准合同"概念，在合同法框架内设置"准合同"单元或许不失为一个务实而创新的方案。在这方面，法国法的经验也为我们提供了有益的参考。

最后，就具体制度而言，法国新债法对无因管理、非债清偿和狭义不当得利制度的规范，可操作性强。对此，本书做了较为详细的分析。

本书作者李世刚博士很好地把握了中国民法典债编制定中的一些关键议题（如债法体例、准合同规范建构等），对比较法上新近的典型法国新债法进行了针对性的研究，资料翔实、思路清晰、分析细致、语言精练，并配有法国新债法法律条文的中译本，本书为中国民法典编纂以及司法实践提供了重要的参考，具有重要的理论价值与实务意义，应当说是一部很值得民法学界关注的新作。

是为序。

序言二

崔建远

中国学界对21世纪法国民法改革给予了高度的关注。李世刚博士在第一时间陆续将法国担保法、合同法以及债法的最新发展进行了梳理与解析,相继出版了《法国担保法改革》(2011年)、《法国合同法改革:三部草案的比较研究》(2014年)以及本书《法国新债法:债之渊源(准合同)》(2017年)。

现在回头来看,这三本有一个共同之处:作者有选择地解析法国制度,并将其归入一个体系化的框架中。作者所选择研究的对象是法国民法改革中对中国民法编纂具有借鉴意义的地方,书中深入探讨的每一个话题均隐含着对中国学界的重点问题的回应,以本书为例:

法国新债法带来的"新奇"之处颇多,例如,就结构而言,债法体系完全重构,不仅设立了债之通则,还为未来统一民事责任法预留了空间;就内容而言,既有对传统的改变(如放弃"约因"的概念,确立情事变更规则等),更有对过往司法经验与学理的固化(如将不当得利规则成文化,在债法领域内统一设立返还规则等)。而本书在传统大陆法系债法学体例框架下,以债发生的原因作为研究起点,突出了法国新债法对中国民法典制定具有特别借鉴意义的如下两大经验:

——在结构方面,"债之渊源"对整个债法规范体例(甚至民法典结构)设计的重要作用。

——在内容方面,"准合同"的功能与利益平衡规则的设计。

这两个宝贵的经验的确具有很好的借鉴意义以及及时突出的必要性,它们有助于我们以宽广的视野解答诸多重要的理论问题以及实践问题。例如，如何看待合同规范与法律行为规范的关系？债法通则与合同之外的其他债之渊源如何衔接？除了合同与侵权行为，其他债之渊源规范构造如何、是否应为其留存足够的条文空间？"准合同"的概念与功能如何？无因管理人的注意义务标准与委托合同中的受托人的注意义务标准差异如何？不当得利构成与效力的具体规范如何构建？不当得利返还之诉的证明责任如何分配？等等。

李世刚博士新专著以清晰的逻辑和精练的语言直击上述问题之关键。如带着这些问题阅读这本书，一定有不少的收获。

此外，这本书所附法国新债法的中文译本、新旧条文对比表、翻译对照表、债法改革重要文本列表等，也是法国法研究的重要素材。

法国的民法改革反映了21世纪民法的最新发展，法国对民法的改革也正值我国民法典制定的关键时期。相信本书在我国学界和实务界都能起到不可忽视的重要作用。

是为序。

致谢(代序)

寒来暑往,春秋代序;闲云潭影,物换星移。蓦然回首,从本书开始构思,已有数载。完稿在即,情难自已,只言片语,书以致谢。

案头现在摆着两本书:一本是《法国担保法改革》;另一本是《法国合同法改革》。还有两份书稿,一是《法国侵权责任法改革》;还有一本,便是本书。看到这几本书,我仿佛就回到了当年秉书求学的日子。

记得读硕士期间,有幸跟随崔建远教授研习民法,逐步开始领略民法的博大精深,对法国民法充满了敬意与好奇,也是从那时起有了一个习惯:时常将新的发现、想法或者新稿子发送给崔老师,虽常惴惴不安,唯恐暴露了以前在学校荒废时光,但崔老师耐心的斧正总是让我收获良多。现已陆续出了三本书,而每本书崔老师均慨然赐序以资鼓励。新书出版,首先要感谢崔建远老师一直以来的指教与鼓励!

本书所体现的思维、方法和范例,很大程度上也得益于我在法国攻读博士学位期间的导师玛丽·高莉(Marie Goré)教授所给予的指导与帮助。回国至今,导师还时常关心我的生活与研究工作,并始终给予最为真诚的帮助。新书出版,感谢 Marie Goré 女士!

新书出版还要感谢尹田教授。想起刚回国时,尹田老师对我坚持研究法国民法方向的肯定和支持,令我坚定了在法国民法研究的道路上不断前行的脚步。这可能是我在北大最大的收获之一。来上海多年,我对尹田老师的教诲一直谨记在心,不敢懈怠。

　　我要特别感谢王利明教授。2017 年 1 月农历春节前，我在中国人民大学苏州校区举办的"中国民法典合同编总则草案立法研讨会"上遇见王教授，他欣然答应为本书赐序，并在随后的一周内就将序言发送给我。王利明教授百忙之中的赐序和对本书的肯定，令我受到了很大鼓舞，不胜感激。

　　我还要感谢李永军教授。也是在那次民法典合同编总则草案立法研讨会上，李永军教授对我做法国法的支持和肯定让我满怀信心。

　　感谢石佳友教授，当年在巴黎参加了他的博士论文答辩会以及会后的美食自助，都是我在巴黎留存的美好记忆；回国后，佳友博士在研究方面给予了很多帮助和建议，令我获益匪浅。

　　我感谢担任本书编辑的周海燕女士，是她的辛苦付出让本书得以顺利问世。

　　欲述身边亲友师长启迪关怀之恩，奈何恩深笔浅，述之不免挂一漏万，然种种恩情，定然铭记于心。

　　草就本书，纰漏难免，愿海内大雅君子，矜其意而教正之。若本书对读者有裨益一二，则幸矣。

李世刚

2017 年 2 月 14 日

于复旦大学江湾校区

目　录
CONTENTS

附　录 ··· / 127

参考文献 ··· / 218

法国债法改革重要文本列表

时间	文本	补充说明
2005 年 9 月 22 日	《卡特拉草案》诞生	即由卡特拉教授领导的专家起草小组向法国司法部提交的《债法（民法典第 1101 条到第 1386 条）与时效制度（民法典第 2234 条到第 2281 条)改革草案建议案》
2006 年 3 月 25 日	《担保法改革法令》生效	《法国民法典》新增第四卷"担保"：法国担保法改革完成
2006 年 10 月 19 日	《巴黎工商会关于 <《卡特拉草案》> 的报告》公布	法国巴黎工商会公布其对《卡特拉草案》的意见报告
2007 年 1 月 1 日	《关于改革继承与无偿处分的法律》生效	《法国民法典》第三卷"取得所有权的不同方式"第一编和第二编被全面修订
2007 年 2 月 19 日	《关于建立信托制度的法律》生效	《法国民法典》第三卷"取得所有权的不同方式"中增设"信托"编：信托合同正式成为有名合同
2007 年 6 月 15 日	《法国最高法院 <债法和时效制度改革草案 > 工作组报告》公布	法国最高法院公布其对《卡特拉草案》的官方意见报告
2008 年 6 月 17 日	《关于民事时效制度改革法律》生效	法国时效制度改革完成
2008 年 11 月	《泰雷合同法草案》问世	泰雷院士领导的合同法改革工作小组正式向司法部提交《合同法改革建议案》
2008 年 12 月	《司法部合同法草案》公布	司法部组织起草的《合同法改革草案》浮出水面
2009 年 2 月	《泰雷合同法草案》出版	泰雷院士领导的小组撰写的《合同法改革建议案》及其立法理由书(《为了合同法的改革》)由达鲁兹出版社出版

续表

时间	文本	补充说明
2009 年 7 月	法国议会专设工作组对《卡特拉草案》的责任法部分进行评估并完成《咨讯报告》	该报告给出了修订法国民事责任制度的指示性意见二十八点
2010 年 7 月 9 日	《修改民事责任法的法律建议案》提交上议院	根据前述《咨讯报告》，议员贝塔耶向法国上议院提交了该建议案，但它并没有产生广泛的影响
2011 年 2 月	《卡特拉草案》（多语言版本)》一书出版	该书中，草案被译成法语、阿拉伯语、西班牙语、意大利语、德语、英语
2011 年 5 月 9 日	《司法部债法总则与准合同法草案》公布	司法部就债法总则与准合同规则立法征求意见
2012 年 1 月 2 日	《司法部责任法草案》公布	司法部就侵权责任法立法征求意见
2012 年 4 月	《泰雷民事责任法草案》公开出版	雷院士领导的小组撰写的《民事责任法改革建议案》及其立法理由书（《为了民事责任法的改革》）由达鲁兹出版社出版
2013 年 4 月	《泰雷债法草案》公开出版	雷院士领导的小组撰写的《债法改革建议案》及其立法理由书（《为了债法通则的改革》）由达鲁兹出版社出版
2013 年 10 月	《司法部债法改革草案（2013)》	法国司法部整合前期成果，公布了涵盖除民事责任法和特别合同法以外的债法规范的《债法改革草案》
2015 年 2 月 16 日	《关于简化与现代化国内商业与司法领域的法律与程序之法律》通过	议会授权政府以"法令"的方式修订《法国民法典》债法部分（特别合同法、侵权责任法除外）。
2015 年 2 月 25 日	《关于合同法、债法一般规则与证明的改革法令草案（2015)》公布、征求意见	司法部公布根据议会授权制定的债法改革方案具体内容，向社会公开征求意见

时间	文本	补充说明
2016 年 2 月 10 日	《关于合同法、债法一般规则与证明的改革法令》公布	根据议会授权,政府颁布法令修改《法国民法典》,完成债法改革第一阶段任务
2016 年 10 月 1 日	《关于合同法、债法一般规则与证明的改革法令》生效	
2016 年 4 月 1 日	《民事责任改革法草案建议案(征求意见稿)》	法国司法部向社会公开征求意见

缩略语简表

缩略语	全称	补充说明
《债法改革法令》	2016 年《关于合同法、债法一般规则与证明的改革法令》	法国政府修改债法的法令
《债法改革法令草案征求意见稿(2015)》	2015 年《关于合同法、债法一般规则与证明的改革法令草案》	司法部公开征求意见版
《司法部责任法草案(2016)》	2016 年《民事责任改革法草案建议案(征求意见本稿)》	司法部公开征求意见版
《司法部合同法草案》	2008 年《司法部合同法草案》	司法部早期提出的合同法草案
《卡特拉草案》	《债法(民法典第 1101 条到第 1386 条)与时效制度(民法典第 2234 条到第 2281 条)改革草案建议案》	起草小组负责人为卡特拉教授
"卡特拉小组"	《卡特拉草案》的起草小组	起草小组负责人为卡特拉教授
《卡特拉草案》立法理由书	《卡特拉草案》内附的立法理由说明部分。	
《咨讯报告 2009》	法国议会专设工作组对《卡特拉草案》责任法部分进行评估的《咨讯报告》(2009 年)	
《泰雷合同法草案》	《合同法改革建议案》	起草小组负责人为泰雷院士
《泰雷(民事)责任法草案》	《民事责任法改革建议案》	起草小组负责人为泰雷院士
《泰雷债法草案》	《债法改革建议案》	起草小组负责人为泰雷院士
"泰雷小组"	《泰雷合同法草案》、《泰雷侵权责任法草案》、《泰雷债法草案》的起草小组	起草小组负责人为泰雷院士

缩略语	全称	补充说明
"模范法范本"或"比较法范本"	CISG/ECC/DCFR/PECL/PICC/PETL 等	比较私法领域内的重要范本
CISG	《国际货物销售合同公约》	法文缩写 CVIM
DCFR	《(欧洲私法)共同参考框架草案》	法文缩写 PCCR
ECC/Gandolfi 范本	《欧洲合同法典》	法文缩写 CEC
PECL/Lando 范本	《欧洲合同法原则》	法文缩写 PDEC
PICC/Unidroit 范本	《国际商事合同通则》	法文缩写 PCCI
PETL	《欧洲侵权(行为/责任)法原则》	法文缩写 PDERC

引言：

研究对象

2016 年 10 日 1 日，法国政府颁布的《关于合同法、债法一般规则与证明的改革法令》生效，自此《法国民法典》债法部分（特别合同法、侵权责任法除外）被全面修订，法国债法无论在体例还是内容上均发生了巨大变化，我们可以称之为"新债法"。由此法国完成了债法现代化的第一阶段任务，迈出了法国民法改革中最为关键和最为艰难的一步。

壹

刚进入二十一世纪，法国就决定全面修订民法典，计划对民法制度进行全面的改革或者说"现代化"。法国债法改革即是此次《法国民法典》修订与民法现代化进程中的重要环节，其全面启动开始于 2005 年 9 月学者草案《卡特拉草案》的问世，该草案触及了《法国民法典》中除特别合同以外的几乎全部债法内容。但由于债法修订涉及面广、问题复杂，并能集中体现既有法典的保守与现实诉求的冲突以及法国法传统特色与比较私法发展的冲突，出现了较多不同的意见，随后立法者决定分步骤分阶段推进债法改革。于是我们又看到了另外一套学者草案，即在法国司法部支持下，由法兰西学院院士泰雷（François Terré）先生主持并完成的《泰雷合同法草案》（2008 年）、《泰雷民事责任法草案》（2012 年）和《泰雷债法草案》（2013 年）。

在这两套学者草案的基础上，法国司法部也陆续提出引起广泛讨论的官方综合意见，例如早期的《司法部合同法草案》（2008 年）、《司法部债法总则与准合同法草案》（2011 年）。到了 2013 年 10 月法国司法部对前期工作进行整合、公布了一份《债法改革草案（2013）》，其范围涵盖债法一般规则、合同法、准合同，排除了对侵权责任法和特别合同法具体制度的修订，这与后来（2016 年）完成的债法改革基本一致。

面对旷日持久的讨论与拖延，法国议会最终决定借鉴 2006 年担保法改革的经验，采用授权立法的方式以尽早完成债法改革的第一阶段工作。2015 年 2 月，法国议会授权政府以"法令"的方式修订《法国民法典》债法部分（特别合同法、侵权责任法除外）。2016 年 2 月 10 日法国政府颁布了《关于合同法、债法一般规则与证明的改革法令》（以下简称"债法改革法令"），并决定于同年 10 月 1 日生效。这标志着法国债法改革历时十余年的准备与争论，现已取得了阶段性的立法成果。法国新债法的面世成为大陆法系发展进程中具有里程碑意义的事件。

贰

这次修法对《法国民法典》第三卷中间部分［第三编、第四编、第四编（二）］的编章结构、标题与条文进行了全面的更换与调整，而其他部分的条文编号与内容仍维系原状，这体现了立法者希望修法工作能尽可能少地影响民法典与法律适用的稳定性的初衷。

依据《债法改革法令》修订后的《法国民法典》从其第三卷（"取得所有权的不同方式"）的第三编起集中规范新债法：第三编"债之渊源"（第 1100 条到第 1303－4 条[1]）、第四编"债之通则"（第 1304 条到第 1352－9 条），第四编（二）"债之证明"（第 1353 条到第 1386－1 条），之后各编依次维持原民法典中有关各种有名合同的规范（由于特别合同不属于本次修订内容，其编章节目、条文号与内容均无变化）。其中，第三编"债之渊源"分成"合同"、"非合同责任"（即侵权责任）与"其他债之渊源"三个单元；第四编"债之通则"分成"债的类型"、"债的运转"、"债权人的诉权"、"债的消灭"与"返还"五个单元。

法国新债法体例有三个特点：

一是，"债之渊源"独立成编，在债法体例中扮演了重要角色。

二是，先原因（"债之渊源"）再结果（"债之通则"），先具体再抽象，以体现

---

[1] 除特别说明外，本书所引条文均为依据《债法改革法令》修订后的《法国民法典》中的条文。

思维逻辑的过程。

三是,所有的特别合同附在债法一般性规范的最后部分,呈开放态势。

法国这次的立法经验很突出地表明,债之渊源对债法的结构影响巨深,它成为了逻辑的起点。决定债法架构的若干基本问题实际就是处理与债之渊源紧密关联的若干组关系。例如,如何对待"法律行为"概念的地位及其与合同规范的关系?如何处理合同法在债法体系中的地位,是否设立债法总则?如何处理债法共性规则与不同原因所生之债的特殊规则的关系?如何安置无因管理与不当得利等合同、侵权以外其他债之渊源的规范?

因此,法国债法改革对债之渊源与债法体系的关系的处理策略,成为我们关注与研究的重点内容。

叁

债的渊源不仅成为逻辑的起点,也在法国新债法中占据了重要的地位。法国新债法虽设立了债法通则单元,但"债之渊源"单元囊括了丰富的内容。"债之渊源"一编涵盖了三个部分:合同法总则、非合同责任法和其他债之渊源的规则,内容重要。

不过,非合同责任(即侵权责任)制度改革并未成为此次法国债法改革的对象,立法者只是将原来民法典中的内容搬迁了过来、更改了条文序号而已(从第1240条到第1245-17条)。本轮债法改革为后来侵权责任法改革预留出空间,经修订后的《法国民法典》"非合同责任"单元的条文序号的布局暗示着未来侵权责任法规范将从第1323条到第1299条(本轮仅把旧有规范放置在第1240条到第1245-17条,其余空缺待定)。2016年4月29日,法国司法部公布的《民事责任改革法草案建议案(征求意见稿)》对此予以了印证。

同时,合同法总则虽是新债法的重要内容,但它建立在我们曾研究过的三套草案基础之上,①且条文数量较多,我们拟另行论述。

而在修订后的《法国民法典》中,规范合同与侵权行为以外的所谓的"其他债之渊源"单元格外引人注意,它替代了原来民法典中的"准合同"部分,分"无

---

① 有关内容可参阅拙作《法国合同法改革:三部草案的比较研究》,法律出版社2014年版。

因管理"、"非债清偿"与"不当得利"三章,具有比较法上的重要意义。

因此,本书仅就合同与侵权责任之外的"其他债之渊源"单元进行论述,详言之,是对《法国民法典》所规范的"准合同"(无因管理、非债清偿、不当得利)的新立法进行阐述。

肆

其实,法国立法者一方面希望维护《法国民法典》的原貌和法律规则的历史延续性,顾及法国旧有的立法体例、司法传统和学术传承,另一方面面临着许多欧洲法律工作者推进欧洲私法统一的努力。不过从新债法的整体结构与内容来看,法国的法律改革者仍以坚持、强化和彰显能跟得上时代步伐的法国民法作为一项目标,并将其贯彻到债法改革的形式和内容上。

我们希望,通过比较研究之方法、相关背景之厘清、债法草案之翻译,能真切地反映出法国新债法的内容与特点,以及,在债法改革进程中,法国国内法与具有代表性的域外法、模范法之间的冲突和博弈,并能对中国民法典债编的制定在体例与内容上提供一些参考。

伍

综上,本书选题如下:

第一章　债法改革:法国民法现代化的重要步骤

第二章　债之渊源与债法结构的选择

第三章　准合同及其类型的安置

第四章　无因管理制度的小幅调整

第五章　非债清偿制度的完善

第六章　不当得利规范的构建

第七章　借鉴与启示

附录为有关条文的中文版。

第一章

债法改革：法国民法
现代化的重要步骤

《法国民法典》第三卷"取得所有权的不同方式"的体例变更

2006 年担保法改革之前	2006 年担保法改革及 2007 年信托立法之后	2016 年债法改革之后
第三卷　取得所有权的不同方式	第三卷　取得所有权的不同方式	第三卷　取得所有权的不同方式
第一编　继承	第一编　继承	第一编　继承
第二编　生前赠与和遗赠	第二编　无偿处分	第二编　无偿处分
第三编　合同或一般契约之债	第三编　合同或一般契约之债	第三编　债之渊源
第四编　非因契约而发生的债务约束	第四编　非因契约而发生的债务约束	第四编　债之通则
第四编（二）　缺陷产品责任	第四编（二）　缺陷产品责任	第四编（二）　债之证明
第五编　婚姻合同与夫妻财产关系	第五编　婚姻合同与夫妻财产关系	第五编　婚姻合同与夫妻财产关系
第六编　买卖	第六编　买卖	第六编　买卖
第七编　互易	第七编　互易	第七编　互易
……	……	……
第十四编　保证	第十四编　信托	第十四编　信托
……	……	……
第十七编　挪（质押）	第十七编　［暂空］	第十七编　参与程序协议①
第十八编　先取特权和抵押	第十八编　［暂空］	第十八编　［暂空］
第十九编　不动产出售价款的执行与分配	第十九编　不动产出售价款的执行与分配	第十九编　［暂空］
第二十编　时效与占有	第二十编　时效与占有	第二十编　消灭时效
		第二十一编　占有与取得时效②

---

① 2010 年 12 月 22 日有关司法裁判执行的法律（Loi n°2010 - 1609 du 22 décembre 2010 relative à l'exécution des décisions de justice,aux conditions d'exercice de certaines professions réglementées et aux experts judiciaires）所增设。

② 第二十编以及第二十一编系依据 2008 年 6 月 17 日有关民事时效改革的法律（Loi n° 2008 - 561 du 17 juin 2008 portant réforme de la prescription en matière civile）所设。

1804 年诞生的《法国民法典》,也称《拿破仑法典》,"它是资产阶级国家最早的一部民法典",自其诞生之日起就对全球的民事立法产生了深远的影响,①历经两个多世纪,经过不断的修正和充实,②它仍然施行于法国。历史验证了拿破仑的远见和名言——"于我而言,真正的光荣并非打过四十多场胜仗,滑铁卢将这一切的记忆抹去,但有一样东西不会被人们忘却而将永垂不朽:那就是我的民法典"。同时,这也验证了法国立法者、学者和民众对非物质遗产的爱惜和呵护:他们竭尽全力地维护着该法典原有"门面"与有效性,避免摧毁或者替代它。

不过社会生活总有变化,老祖宗的条条框框并不能预见到一切、也不能完全契合未来之发展,法国立法者在过去的二百多年间始终受着一种煎熬,而且在世纪之交感受越来越强烈——既受制于旧有结构、篇章体例、条文编排、文句表述、甚至过气的规则,又要修订或添加条文适应社会变迁——旧瓶装新酒,绝非易事。

早在 20 世纪五十年代,就有专家学者企图摆脱这种煎熬,重新制定一部《法国民法典》。不过最后卡尔波尼埃教授的主张得到了最后的彰显:民法典的修订以维持原有条文位置为一项原则,新修订的内容陆续地(有时是蹩脚地)添附在旧有条文之处。③ 于是,法国立法者不得不重新面对煎熬。

一、新世纪法国民法现代化的原因与目标

在世纪之交,法国各界普遍认为法国民法需要进行系统的改革,《法国民法典》需要全面修订。

就修法原因及必要性,各方已经形成较为一致的认识:1804 年《法国民法典》规定的旧有制度,相对于法国司法运作与实务而言,颇为保守、过时。新出

---

① 参见李浩培、吴传颐、孔鸣岗译:《拿破仑法典(法国民法典)》(汉译世界学术名著丛书)之《译者序》,商务印书馆,2006 年版。

② 随着政治运动的变化,它的名称曾经几次变更。最初称为《法国民法典》,1807 年改为《拿破仑法典》,1816 年又改为《民法典》,1852 年再度改为《拿破仑法典》,自 1870 年以后,在习惯上一直沿用《民法典》的名称。

③ Ph. Malaurie,Droit civil:introduction générale,éd. 1994 - 1995,Cujas,p. 157 - 166.

现的法律规范散落在诸多法典和法律文件中,内容繁杂。对此,不仅外国人,就是法国本土的法学工作者也常有步入迷宫的感觉。实务和理论研究都希望能够得到内容完备、容易读懂、制度现代的民法体系。①

此外,新旧世纪之交是一个世界化、全球化(至少地区化)的时代,各国法律的竞争成为其一大特点:有的国家制定本国现代化的法典(比如中国、越南、部分东欧国家),有的国家或地区在区域层次着手制定统一法、协调法(欧盟、非洲贸易法协调组织)。法国人强烈地感受着来自其邻国(尤其是德国和英国)的法律文化传播的竞争压力,以及来自为朝向统一而努力的欧洲统一私法层面的挑战。比较而言,法国法显得"古老、封闭、缺少促销"。② "看起来有必要让法国法律工作者的声音被听到,他们很长时间以来,有意识或者无意识地,自我隔绝在舞台之外"③。

可见,法国民法现代化就是希望借助重整《法国民法典》的内部体系与规范,在技术上实现逻辑的清晰、语言的通俗和制度的现代化,以求法律实务的便利,并最终"增强该法典在法国国内法和其它国家的光芒"④。

二、新世纪法国民法现代化进程回顾

进入新世纪,法国学者借纪念《法国民法典》二百岁生日之契机,除了颂赞该法典的历史地位和其对法兰西民族的功绩之外,就"使其现代化"达成了共识,决心对法典进行大修,以便全面更新民事制度,这就为此后一系列的法典修订工作的逐步展开奠定了基础。

近年来通过修订《法国民法典》,法国立法者完成了诸多民法制度的现代化。相继完成的《法国民法典》修订内容涉及离婚(2004 年)、亲子关系(2005

---

① M. Grimaldi,Exposé des motifs du projet de réforme présenté,RDC juill. 2005,p. 783; Vers la réforme des sûretés,RJC 2005,467.

② L D' Avout,Rémy Cabrillac (dir.),Quel avenir pour le modèle juridique français dans le monde ? (Economica,coll. Etudes juridiques,2011),RTD civ. 2012,p. 186.

③ M. Grimaldi,Ouverture du colloque,p. 1 - 5,in. Propositions de l' Association Henri Capitant pour une réforme du droit des biens,sous la direction de Hugues Périnet - Marquet,Litec,2009.

④ M. Grimaldi,Ouvert du colloque,in Proposition de l' Association Henri Capitant pour une réforme du droit des biens,p. 2.

年)、亲权(2002 年)、成年人的司法保护(2007 年)、民事同居关系(1999 年和
2006 年)、继承与遗赠(2006 年)、担保(2006 年)、信托合同(2007)、诉讼时效
(2008 年)。信托合同被视为特别合同法改革的一个部分。此外,担保改革因
具有划时代的特殊意义,值得关注。

随着民法修正工作的展开,《法国民法典》的结构逐渐发生着重大变化:人
们传统印象中的"三编(卷)制",已经变成了"五编(卷)制"。

首先,2002 年《法国民法典》第三卷之后新增了一卷《在马约特适用的规
定》,①率先在形式上突破了《法国民法典》的传统体例,当然它涉及的只是法律
适用问题,而非具体民事制度规则本身,因此这一卷通常不被民法学者提起。

紧接着,2006 年 3 月的担保法改革又在《法国民法典》中新增了另一卷。

2006 年 3 月 25 日根据法国议会授权,法国政府颁布的关于担保法改革的
法令②(以下简称"担保法改革法令")生效,该法令对《法国民法典》的修订也
于同日发生法律效力。这次改革不仅对担保物权制度进行了深刻的变革,还
以"人的担保"和"物的担保"作为最基本的分类,③新设第四卷《担保》,吸纳了
原来第三卷中的担保规范,从而改变了《法国民法典》的传统结构。这对后来

---

① 这一卷是根据 2002 年 12 月 19 日第 2002 - 1476 号法令而增设的,于此项法令发布后的
第 18 个月的第 1 天(即 2004 年 6 月 1 日)生效,旨在确定《法国民法典》前三卷中的哪些
内容在马约特地方适用,并未改变民法的制度内容。当时共增加 19 条(即原第 2284 条
到第 2302 条);后因 2004 年 5 月 26 日第 2004 - 439 号法令而在当时的第 2290 条前补增
了第 2290 - 1 条。马约特(Mayotte)岛位于莫桑比克海峡,现为法国的一个海外省级"领
地"(Collectivite Territoriale)。法国 2001 年 7 月 11 日第 2001 - 616 号法令第 1 条确立其
为法兰西共和国的一个部分,不能与之分离,除非马约特人民同意。

② 即《第 2006 - 346 号关于担保的法令》,法文全名为《Ordonnance n°2006 - 346 du 23 mars
2006 relative aux sûretés》,于 2006 年 3 月 23 日由法国部长会议讨论并通过。在法国只
有议会有权制定"法律"(loi),但是,根据法国《宪法》第 38 条的规定,议会可以授权政
府就与"法律"有关的事项采取措施,此即授权立法。政府要在议会限定的目标和期
间内行使权限、制定"法令"(ordonnance);"法令"的制定还必须以行政法院的意见为
目标,并要提交部长会议讨论(法国《宪法》第 13 条)。此次法国政府制定有关担保制
度改革的"法令"的法律依据是《2005 年 7 月 26 日第 2005 - 842 号为经济现代化和信心
的法律》。

③ 这也是法国学界长期以来研究担保制度的最基本的分类。虽然,修订前的《民法典》
没有写明"人的担保"和"物的担保",但是,其体例还是遵循了先"人的担保"后"物的
担保";这次的修订,《民法典》明确使用了"人的担保"和"物的担保"这样的标题。

进行的债法改革以及民法典修订有重大影响。

（一）担保法改革前的《法国民法典》

在这之前的《法国民法典》共有四卷（livre）①：《人》（第 7 条 - 第 515 条）、《财产和所有权的不同变化》（第 516 条 - 第 710 条），《取得所有权的不同方式》（第 771 条 - 第 2183 条），《在马约特适用的规定》（第 2184 条 - 第 2302 条）。

在"取得所有权的不同方式"的标题之下，第三卷犹如一个内容十分庞杂的"大箩筐"。其前两编规范"继承"和"生前赠与和遗赠"（后者因 2007 年 1 月 1 日生效的一部法律而变更名称为"无偿处分"②）；该卷最后两编第十九编"不动产出售价款的执行与分配"和第二十编"时效与占有"也不完全属于债法范畴。中间诸编则属于债法核心部分：第三编"合同或一般契约之债"、第四编"非因契约而发生的债务约束"以及第四编（二）"缺陷产品责任"③，从第五编到第十八编规范不同类型的特别合同（其中，第五编"婚姻合同"规范实质上属于法定制度，放在这里也颇为不和谐），也包括多种担保制度。

担保法改革之前，《法国民法典》第三卷的体例如下：

担保法改革之前《法国民法典》第三卷的体例

第三卷　取得所有权的不同方式

第一编　继承

第二编　生前赠与和遗赠

第三编　合同或一般契约之债

第四编　非因契约而发生的债务约束

第四编（二）　缺陷产品责任

第五编　婚姻合同与夫妻财产关系

---

① 该四卷之前有一《序编（titre préliminaire）：法律的公布、效力和适用》（第 1 条 - 第 6 条）。

② 2006 年 6 月 23 日颁布、2007 年 1 月 1 日生效的第 2006 - 728 号"关于改革继承与无偿处分的法律"（Loi n° 2006 - 728 du 23 juin 2006 portant réforme des successions et des libéralités）对这两编进行了全面修订，第二编的题目也由"生前赠与和遗赠"变更为"无偿处分"。

③ 系依据 1998 年 5 月 19 日第 98 - 389 号法律所增设。

第六编　买卖

第七编　互易

……

第十四编　保证

……

第十七编　挪(质押)

第十八编　先取特权和抵押

第十九编　不动产出售价款的执行与分配

第二十编　时效与占有

（二）担保法改革对债法改革的影响

1. 新增第四卷

2006 年担保法改革法令首先使得《法国民法典》中出现了新的独立的一卷:第四卷《担保》(第 2284 条 - 第 2488 条);①《在马约特适用的规定》因此而顺延至第五卷(第 2489 条 - 第 2534 条)。

第四卷《担保》分两编(titre)。在两编之前,共有四个条款,系一般性的规定。新的第 2284 条和第 2285 条分别沿用了原来《民法典》中关于一般质权的第 2092 条和第 2093 条。新的第 2286 条和第 2287 条则不是旧有的条款:前者概括地指出可以主张留置权的主体;②后者旨在明确,该《担保》卷中的规定不影响有关参与分配程序的特殊规则的适用。

第四卷《担保》的第一编为《人的担保》,包括了第 2287 - 1 条到第 2322 条。本编第一条明文规定了三种人的担保:保证、独立担保(la garantie autonome)和意图信(la lettre d'intention)。由于法国议会没有授权政府可通过"法令"的方式规范"保证"制度,修订前《民法典》中有关保证的第 2022 条到第 2043 条全部被搬迁到了修改后的第 2288 条到 2320 条,其内容未有任何变动。第 2321 条和第

---

① 除特别指明外,下文所引法律条文均指修订后的《法国民法典》的条文。

② 留置权仍然保留了不具有攻击性的特点,它既没有优先权也没有追及权,仅仅是一种保全性的、给债务人以压力的方式。参见, Ph. Simler & Ph. Delebecque, Droit civil: les sûretés, la publicité foncière, 4ᵉ éd., Dalloz, 2004, p. 477。

2322 条则是新加的内容,他们分别引进了独立担保和意图信的定义。①

　　第四卷《担保》的第二编为"物的担保",涵盖了第 2323 条到第 2488 条。在就优先特权②的一般顺序作出规定以后(第 2323 条到第 2328 条,即原有的第 2049 条到第 2099 条),该编按照"动产担保"和"不动产担保"进行体系划分。这是因为,《法国民法典》第 516 条指明"所有的财产是动产和不动产",据此,长期以来,在法国法上"动产和不动产的区分构成了财产法律制度的实质性的基础"。③

　　根据第 2329 条的规定,"动产担保"包括动产优先特权、有体动产质押、无体动产质押④和留置所有权担保⑤。根据第 2373 条的规定,"不动产担保"包

---

①　独立保证(garantie autonome / garantie à première demande)始于国际银行业,于 20 世纪 70 年代在法国快速发展起来。意图信(lettre d'intention / lettre de confort),在法国最早存在于银行业,20 世纪 80 年代引发的纠纷,引起了司法和学界的关注。此次法典修改时,法国的司法判例和学界对这两个制度都有了丰富的认识。Cf. M. Cabrillac & Ch. Mouly,Droit des sûretés,7ᵉ éd.,Litec,2004,p. 331 - 340;E. Eiliberti,Pleins feux sur l'ordonnance sûretés,entretien avec Dimitri Houtcieff,professeur à la faculté de droit d'Evry - Val d'Essonne,petites affiches,28 avril 2006,n°85,p. 4 - 9.

②　"优先特权",法文为"privilège"。我国《海商法》和《民用航空法》表述为"优先权",大陆学者也通常称之为"优先权",台湾学者称之为"优先受偿权",《日本民法典》第 303 条表述为"先取特权"。我们将其译成"优先特权"或"先取特权",目的在于另用"优先权"一词取代我国学者常用的"优先受偿权"来表达"抵押权人、质权人等担保权人在担保财产上所有的、先于担保设定人的其他债权人的权利"。这种取代的原因有二:一是"优先受偿权"与担保物权的支配性不符(详细论述见于崔建远、韩世远:《债权保障法律制度研究》,清华大学出版社 2004 年 9 月版,第 106 - 107 页);二是法文中与我国学者通常使用的"优先受偿权"含义相对应的表述应是"优先权"(le droit de préférence),比如,《法国民法典》的第 2340 条第 2 款。

③　V. F. Terré,Ph. Similer,Droit civil:les biens,6ᵉ éd.,Dalloz,2002,p. 33.

④　这次修改使得自 1804 年颁布之日起《法国民法典》就开始使用的两个法文单词 gage 和 nantissement 的含义发生了极大的变化。修改后的《法国民法典》将二者明确区分,前者用于"有体财产质押",后者用于"无体财产质押"。修改前的法典将这两个词混同,从未曾如此分开使用过,因此,通过立法使这两个词泾渭分明,对一贯重视语言严紧性的法国人而言本身意义就很重大。

　　概括地讲,法国法上"所有的财产是动产和不动产"(《法国民法典》第 516 条);不是不动产的财产就是动产。于是,动产被分为"有体动产"(不动产以外的物)和"无体动产"(即权利,比如债权、知识产权、公司产权等等)。Cf. Jean - louis Bergel,Marc Bruschi & Sylvie Cimanonti,Traité de droit civil:les biens,LGDJ,2000,p. 25 - 31.

　　因此,如果用我国民法学上的概念兑换,《法国民法典》中的"无体动产质押"就是"权利质押","有体动产质押"相当于"动产质押"。

⑤　或可译为"扣留所有权担保"(propriété retenue à titre garantie)。

括优先特权、不动产质押（antichrèse）、抵押；另外，该条表示"不动产所有权同样可以被留置用于担保"。

2. 担保法改革对第三卷的影响

2006 年担保法改革不仅新创了第四卷《担保》，还将第三卷中原规范担保制度的三编（第十四编、第十七编、第十八编）内容抽走、放入增设的第四卷中。由此导致原来第三卷下的许多条文被抽空，仅留下条文的编号；这三编的架空还使得第三卷的内容更为集中。而 2007 年 2 月 19 日《关于建立信托制度的法律》利用刚被架空的第十四编规范新型的特别合同——"信托合同"。[①]

担保法改革和信托立法之后，第三卷的名称及其"大箩筐"式的立法体例在整体上仍然保留了下来，后续的债法改革必须以此为出发点。此时，《法国民法典》第三卷的体例如下：

担保法改革和信托立法之后《法国民法典》第三卷的体例

第三卷　取得所有权的不同方式

第一编　继承

第二编　无偿处分

第三编　合同或一般契约之债

第四编　非因契约而发生的债务约束

第四编　（二）缺陷产品责任

第五编　婚姻合同与夫妻财产关系

第六编　买卖

第七编　互易

......

第十四编　信托

......

第十七编　［暂空］

第十八编　［暂空］

---

① 有关法国信托立法，可参阅拙作"论《法国民法典》对罗马法信托概念的引入"，《中国社会科学》2009 年第 4 期，第 106 – 116 页。

第十九编　不动产出售价款的执行与分配

第二十编　时效与占有

可以说,2006 年担保法改革是法国大修民法典的里程碑。首先,它将担保制度重新梳理,使之逻辑化、体系化和现代化。第二,它将担保制度从原有的前三卷中整体抽出、单独规制,为后来修订债法和物权法的内容减去了部分任务、减轻了负担,同时由于空下大量被抽空的编章和条文,也为相关法条的布局和调整留出足够的空间。接下来,立法者将改革的目标转向了债法和物权法。①

三、法国债法改革的进程

债法改革,作为修订《法国民法典》的重要步骤,是新世纪法国民事立法全面现代化进程中的中间环节,承前(继承、担保、家庭财产制度等改革)启后(物权法改革、合同法分则改革),备受瞩目。

法国债法改革始于《卡特拉草案》。该草案也被称为"《2005 债法专家草案》",其全称是《债法(民法典第 1101 条到第 1386 条)与时效制度(民法典第 2234 条到第 2281 条)改革草案建议案》,由法国巴黎第二大学教授皮埃尔·卡特拉(Pierre Catala)先生主持的专家起草小组(本书简称"卡特拉小组")完成的。草案于 2005 年 9 月 22 日正式向法国司法部提交,法国债法改革正式全面拉开序幕。

鉴于债法改革涉及内容广泛而敏感,法国立法机关起初决定,以《卡特拉草案》为蓝本,分步骤地修订债法规则。于是该草案被分解成四个部分(即时效制度、合同法总则、债法一般法则和民事责任)拟按次序提交两院审议。

---

① 在亨利·卡皮唐法兰西法律文化友人协会的倡议和主持下,由专家组成的起草小组,已经就物权法修订提出建议案——《<《法国民法典》>之第二卷修订草案》(2009 年 5 月 15 日版本),已经提交到司法部。随后,该协会召开了专门的研讨会。这是自 1804 年以来对法国物权法制度进行的最为深刻的变革。

亨利·卡皮唐法兰西法律文化友人协会(Association Henri Capitant des Amis de la Culture juridique française),是一个聚集法语法律工作者的比较法国际协会,以彰显法国法律文化和价值以及罗马法文化为宗旨。Propositions de l'Association Henri Capitant pour une réforme du droit des biens,sous la direction de Hugues Périnet - Marquet,Litec, 2009.

其第一步骤,即关于民事领域中的时效制度改革,已经在 2008 年 6 月完成。① 按照原定计划,接下来立法机关应分别改革合同法则、债法一般法则和民事责任三个部分,并已经在立法层面有了诸多行动。例如,合同法总则部分曾于 2008 年 7 月提交到议会;就民事责任部分,2008 年 12 月法国上议院设立了专门的工作组对《卡特拉草案》进行评估和调研,并最终于 2009 年 7 月 15日向法国上议院法律委员会提交了《资讯报告》,②给出了修订法国现有民事责任制度的指示性意见二十八点。次年夏天,领导评估工作的议员贝塔耶据此向法国上议院提交了一份《民事责任改革法建议案》,但该建议案并没有产生广泛的影响。

随着时间的推进与讨论的深入,对《卡特拉草案》在形式与内容上过于"守旧"的批判声音不断出现。

于是,在法国司法部支持下,由法兰西学院院士泰雷(François Terré)先生主持并完成了另外一套学者草案:《泰雷合同法草案》(2008 年)、《泰雷民事责任法草案》(2012 年)和《泰雷债法草案》(2013 年)。

在这两套学者草案的基础上,法国司法部也陆续提出了引起诸多争论的《司法部合同法草案》(2008 年)、《司法部债法总则与准合同草案》(2011 年)。到了 2013 年 10 月司法部开始尝试将上述两个方案进行合并,并公布了一份《债法改革草案》。这个草案不涉及侵权责任法(它将侵权责任法的原有规范复制了过来,仅改变了条文编号)与特别合同规范。因此,无论内容还是结构它和 2006 年生效的债法改革方案基本一致。

2015 年 2 月 16 日,法国议会通过了《(第 2015 - 177 号)关于简化与现代

---

① 2008 年 6 月 17 日第 2008 - 561 号法律。Cf. Rapport n° 338 (Sénat, 2006 - 2007) de MM. Jean - Jacques Hyest, Hugues Portelli et Richard Yung au nom de la mission d'information de la commission des lois du Sénat sur le régime des prescriptions civiles et pénales (http://www. senat. fr/noticerap/2006/r06 - 338 - notice. html) 和 Rapport n° 83 (Sénat, 2007 - 2008) de M. Laurent Béteille au nom de la commission des lois du Sénat sur la proposition de loi portant réforme de la prescription en matière civile (http //www. senat. fr/rap/l07 - 083/l07 - 083. html)。

② Rapport d'information n° 558 (2008 - 2009) du 15 juillet 2009.

化国内商业与司法领域的法律与程序之法律》,①其第 8 条授权政府以"法令"的方式修订《法国民法典》债法部分(特别合同法、侵权责任法除外),并明确了债法改革的宏观目标和具体制度的调整方向。随后法国司法部于 2015 年 2 月 25 日向社会公布了《关于合同法、债法一般规则与证明的改革法令(草案)》[以下称《债法改革法令草案征求意见稿(2015)》]以征求意见。

次年(2016 年)2 月 10 日法国政府颁布了于同年 10 月 1 日生效的《关于合同法、债法一般规则与证明的改革法令》(以下简称"债法改革法令"),②司法部于次日公布了相关的立法说明(以下称为"债法改革法令之立法说明")。③ 法国债法改革第一阶段任务完成;新债法内容集中在修订后的《法国民法典》第三卷的三编[第三编、第四编和第四编(二)]中。

本轮债法改革为后来侵权责任法改革预留出空间,经修订后的《法国民法典》"非合同责任"单元的条文序号的布局暗示着未来侵权责任法规范将从第 1323 条到第 1299 条(本轮改革仅把旧有规范放置在第 1240 条到第 1245 - 17 条,其余空缺待定)。2016 年 4 月 29 日,法国司法部公布的《民事责任改革法草案(征求意见稿)》对此予以了印证。④

四、法国债法改革中具体制度的调整方向

前述 2015 年 2 月 16 日法国议会授权政府修改民法典的法律的第 8 条,要求政府依据授权之目的完成债法改革事项。据此,为了使法律现代化、简易化,改善文本的可读性,增强合同法、责任制度和证据法一般规则的可接受性,

---

① Loi n°2015 - 177 du 16 février 2015 relative à la modernisation et à la simplification du droit et des procédures dans les domaines de la justice et des affaires intérieures. https://www. legifrance. go uv. fr/affichTexte. do? cidTexte = JORFTEXT000030248562&categorieLien = id

② L' ordonnance n°2016 - 131 du 10 février 2016 portant réforme du droit des contrats, du régime général et de la preuve des obligations. https://www. legifrance. gouv. fr/eli/ordon- nance/2016/2/10/JUSC1522466R/jo/texte.

③ Rapport au Président de la République relatif à l' ordonnance n°2016 - 131 du 10 février 2016 portant réforme du droit des contrats, du régime général et de la preuve des obligations, Jour- nal officiel de la république français (11 février 2016).

④ Avant - projet de loi réforme de la responsabilité civile, http://www. textes. justice. gouv. fr/ar t_pix/avpjl - responsabilite - civile. pdf

也为了确保司法的安全性和规范的有效性,政府应根据授权条款,通过法令的形式采取相关措施以在法律的领域完成以下事项:

(1)确立合同法的主要原则,如善意原则和合同自由原则;列举并定义合同的主要类型;细化与合同订立程序有关的规定(包括以电子形式签订合同的程序),以便明晰在合同磋商领域内有关要约与承诺(特别是涉及到合同成立的时间和地点)、合同允诺以及优先协议等的规定;

(2)简化关于合同有效性的规定,它们包含与合意、当事人的资格、代理和合同内容有关的规定,特别承认告知义务以及滥用权利条款的概念,并引入对一方当事人滥用另一方弱势地位损害后者权益的行为进行制裁的规定;

(3)肯定意思主义原则并明确其例外情形,指明适用于合同形式的主要规定;

(4)明晰有关合同形式以及合同有效条件中的合同无效与失效的规定;

(5)明确与合同解释相关的规定,并对专属于附和合同的规定进行详细说明;

(6)明确与合同对当事人双方以及第三人所产生的效力有关的规定,接受在情事发生不可预见的变化时对合同所做的变更;

(7)明晰与合同存续期间有关的规定;

(8)重组与合同不履行有关的规定并引入以通知的形式单方面解除合同的可能情形;

(9)使无因管理和非债清偿的有关规定现代化,并引入不当得利的概念;

(10)引入债的一般制度并使其规定更为清晰明确和现代化;特别是要明确那些与不同形式之债有关的规定,使附条件之债、附期限之债、合并之债(obligaton cumultative)、选择之债、任意之债、连带之债、不可分之债相互区别开来;调整关于清偿的规定,明确其他会导致债务消灭的免除、抵销和混同的规定;

(11)重新整理所有变更债权债务关系的运转规则;在债权人主要诉权之外承认法律规定的清偿直接诉权;使与债权让与、债权更新和债权转移有关的规定现代化;认可债务的让与和合同的让与;明确与返还(恢复原状)有关的规定,特别是在合同溯及既往灭失情况下的有关规则;

（12）明确并简化所有关于债的证明的规定，为此，首先应当阐明的是与举证责任、法律推定、既判力、对证据的约定以及对证据的采纳有关的规则；其次，需要明确以事实形式呈现的证据和以法律文书形式呈现的证据的可采纳性；最后，要细化可适用于不同形式的证据的制度；

（13）整理和修改所有条款的立法性质以使其能够确保修正案的实施并总结在上述第 1 - 12 项实施的成果。

可以说，授权政府立法的法律（第 8 条）所规定的上述 13 项，明确了此轮法国债法改革中具体制度的调整方向，也在整体上影响了改革的目标。

五、法国债法改革的目标

法国司法部在立法说明中对本轮债法改革目标做了详细的说明，我们将其归纳为三点，它很好地印证了前述法国民法改革的原因与目标。

1. 法律的稳定性

债法改革法令之立法说明强调，"法律的稳定性"是本轮债法改革"所追求的首要目标"。前述议会授权立法时也特别强调了此点。

为此，新债法首先"旨在增强合同法、债法和证明制度的可接受性及可读性"。在债法领域，《法国民法典》自 1804 年几乎未被修订过。"民法典优雅的风格是毋庸置疑的，但是这一风格并非对全体市民而言都是简单易懂的，而且其中的某些表达方式在今天看来早已过时"。因此应当采用现代的词汇和更为简明的表达以保持民法典简明、精确的特点。第二，新债法在结构上希望借助更为专业化的架构以简化民法典第三卷。第三，修法工作还摈弃了一些不仅存在于现行法典中且在历史上已经深植于法国法传统中却又没有明确定义的概念（比如作为之债、不作为之债和给付之债）。与此相反，对实务界而言，对某些必要法律机制的确认则显得十分必要（如完善合同订立规则等）。最后，法律的稳定性还要求对两百年来司法判例的发展加以考量。法国司法部特别指出：现行的法条无法解释实证法，因此需要案例以类推的方式对其加以解释，但是这样的类推可能是反方向的甚至是违反法律的。对于众多法律条款的解读也需参考法庭的判决甚至要借助于学术界的解释。此外，判例从其本质上来看是不稳定的，因此无法保证法律的稳定性，而只有成文法才能实现这一目的。新债法将欺诈性的隐瞒作为意思表示瑕疵的原因、不当得利制度成文化等均是例证。可以说,新债法中的"大部分内容都是判例法的法典化,重新修订那些在法国法格局中由来已久却一直未被成文化的规定"。①

2. 适应市场经济发展

而新债法所追求的第二个目标是"从政治、文化和经济层面增强法国法的吸引力"。如何增加吸引力呢?立法者的答案是"提高效率和适应市场经济的发展"。②

例如,尽管存在众多的争论,法国新债法最终摒弃了"约因"这一概念,从而"认可并接受除了约因制度外还有其他的法律制度能够保证合同利益的平衡"的做法,其目的在于"使得法国在立法上与其他许多国家更为接近",促进法国债法"在国际合同中的适用"。③

又如,新债法承认了情事变更规则。再如,在合同履行方面,为当事人安排了一些救济方法以避免通过法官来解决争议,如以通知方式单方解除合同,合同不履行之抗辩,接受不完全履行以换取价格的减让等。此外,新债法简化了会耗费大量时间和金钱的现实清偿提议(offres réelles)这一程序,尽管该程序能够防止债权人拒绝履行其义务,取而代之的是详细规定了法律效果的催告程序。

3. 坚守合同正义

当然,增强法国法的吸引力、提高效率以及适应市场经济的发展,是否意味着要抛弃平等的争议解决方式或者要放弃对弱者的保护呢?起草者对此持否定看法,他们认为,坚持合同正义是新债法追求的目标之一。改革应使法国合同法"更为公正且更加符合欧洲法律一体化的要求"。我们看到,合同自由原则、合同的强制力和善意原则同时被确立为合同法基本原则。新债法还制裁那些以暴力或与暴力相类似的手段滥用依附关系的行为以及附和合同中的滥用权利条款,从而保护较弱一方当事人的权益。④

---

① 债法改革法令之立法说明。
② 债法改革法令之立法说明。
③ 债法改革法令之立法说明。
④ 债法改革法令之立法说明。

此外,合同正义之目标的实现不仅仅体现在具体权利义务的安排与利益的分配,它还要求适用的法律必须具有可读性且能够为大众所接受,使得普通人能够在不借助专业人士的帮助下实现这一目的。法律的稳定性"既是新债法所要实现的目标之一也是为了另一个目标——合同正义而必要的手段之一"。①

六、法国债法改革所面临的困难

这次法国债法改革历时十余年,多套方案,足以说明修法的难度。我们认为,其困难主要来自于两个方面。

一是,民法典自身既有体系的内在逻辑与法律稳定性的要求。修法必须对法国实务界所面临的诸多重大而有争议的问题给出回应,给国内的法律工作者竖起新的灯塔,但是民法典本身是一个抽象与逻辑思维的文本,不涉及逻辑结构的修订均可以快速完成,而债法是利益变动之法,与法典其他部分关系密切,同时债法是高度抽象作业的结果,其内部体系精密而彼此牵连,制定全新体系债法,不单纯是一个立的问题,还必须顾及既有民法典的逻辑,减少不必要的改动,以保持法律适用的延续与稳定。在改革的过程中,很多学者努力地从概念、制度、文字、甚至法条的编号上试图保留法典的"原貌",这对于规则的协调、体例的调整、制度的引入或多或少构成障碍。

二是,新债法还必须回应憧憬着欧洲私法一体化并为此而努力的人们的诉求。作为一个珍视法律文化传统与遗产的国家,法国也非常重视比较法学研究;学者们与立法者不断努力彰显传统的价值观念和智力文明硕果,同时也无法忽视不同的法律体系和制度的合理成分及其影响力,二者实际上有竞争关系,取舍之间常常需要深度、细致、体系地研究。而与其他民事部门法比较,债法的一个显著特点就是比较法研究较为发达和成熟,其显著标志就是有众多的模范法范本供立法者参考,尤其是《欧洲合同法原则》(本书简称为"Lando

---

① 债法改革法令之立法说明。

范本"或"PECL"),①《国际商事合同法通则》(本书简称为"Unidroit 范本"或
"PICC"),②《欧洲合同法典草案》(本书简称为"Gandolfi 范本"或"ECC"),③
《联合国国际货物销售合同公约》(CISG),④以及《(欧洲私法)共同参考框架
草案》(DCFR)等,⑤对这次法国债法改革起到了重要的参考作用。

　　综上,本轮法国债法改革或者说新债法的建构,是通过修订民法典的方式
完成的。这期间遇到的困难具有普遍性和典型性,任何一个拥有民法典的国
家或地区均会遇到。

---

① 　即 Lando 教授领导的"欧洲合同法委员会"(Commission on European Contract Law)完
　成的《欧洲合同法原则》(Principles of European Contract Law/PECL,法文名称 Principes
　du droit européen du contrat/PDEC)(共三个部分,分别于 2000 和 2003 年出版)。
　O. Lando,H. Beale (eds),Principles of European Contract Law,Parts I and II,Kluwer Law Inter-
　national,2000; O. Lando, E. Clive, A. Prüm, and R. Zimmermann (eds), Principles of European
　Contract Law,Part III,Kluwer Law International,2003. 韩世远译,《欧洲合同法原则(第一部
　分与第二部分全文本)》,《民商法论丛》第 12 卷。法条的多语言版本(中文除外)下载
　网址(哥本哈根商学院官网):http://frontpage. cbs. dk/law/commission_on_european_con-
　tract_law/

② 　即"国际统一私法协会"(Unidroit)的《国际商事合同通则》(Principles of International
　Commercial Contracts/PICC,法文名称 Principes relatives aux contrats du commerce interna-
　tional/PCCI)(1999 年公布、分别于 2004 年和 2010 年修订过)。由于作为本书研究对象
　的法国三部合同法草案在 2010 年之前出台,对它们产生影响的是 2004 年版本,对此,
　除非特殊说明,本书中所提及的 PICC 范本是指 2004 年版。经(2010 年)最新修订后的
　英文版与法文版来源网址:http://www. unidroit. org/french/principles/contracts/main. htm

③ 　即由 Giuseppe Gandolfi 教授参与领导的"欧洲私法人学院"(Académie des privatistes
　européens)起草的《欧洲合同法典(草案)》(European Contract Code/ECC,法文名称
　Code européen des contrats/CEC),现已经公布了前两卷(总则、买卖合同)。条文英文
　版和法文版(Code européen des contrats,avant - projet,Livre I,Livre II,2004)可从该学院官
　方网站下载:http://www. accademiagiusprivatistieuropei. it/

④ 　即由"联合国国际贸易法委员会"(Unicitral)主持制定的《联合国国际货物销售合同公
　约》(United Nations Convention on Contracts of International Sales of Goods/CISG,法文名
　称 Convention des Nations Unies sur la vente internationale de marchandises /CVIM)。其
　多语言版本下载网址: http://www. uncitral. org/uncitral/zh/uncitral _ texts/sale _ goods/
　1980CISG. html

⑤ 　即由"欧洲民法典研究小组"(Study Group on a European Civil Code:SGECC)与"欧共体
　现行私法研究小组"(European Research Group on Existing EC Private Law:Acquis Group)
　共同完成《共同参考框架草案》(Draft Common Frame of Reference/DCFR,法文名称 Pro-
　jet de Cadre Commun de Référenc/PCCR)。前者由冯·巴尔(Christian Von Bar)教授所创
　建,其官方网站提供 DCFR 英文版的下载:http://www. sgecc. net

　　法典修订本身往往会成为立法理念变现的技术障碍。修法者需要考虑法典原有逻辑、编章节目的位置、条文编号的存废、既有术语或规则的冲突等等。当然，无论法典制定时多么的"完美"或"科学"，修法是不可避免的。民法典不再被视为一个静态的标志。因此一方面，在制定民法典的过程中，应当充分考虑法律稳定性的要求，尤其是未来修法的便利。为此，法典体例结构逻辑的严密，规则的简明和精确，表达具有可读性、便于公众解读，都是十分必要的。另一方面，适应社会发展的修订也不应看作是对法典的破坏，而应以更为积极的心态对待它。当然在修法过程中，要尽可能尊重原有体例，以不改变或少改变条文编号与编章节的命名为原则。这就需要具体问题具体分析了。法国此次民法典修订提供了一份经典的范例。

　　此外，面对全球民商事交往的日益加深，创制一个明晰、重视市场规律又符合不断发展的全球化经济形势的法律框架，是对法典制定的现实要求。如果法典架构和法律规则过于特殊，既造成法律解释的困难，也不利于在国际交往中被当事人选用。一部具有影响力的民法典所追求的"特色"，或许不在于多么的与众不同，似乎更不在于多么的专业高深，而在于能否便利于法律的适用、跟上时代的步伐。为此，法典的制定与修订中，充分的比较法研究与观察，具有非常重要的校对功能。

第二章

债之渊源与债法结构的
选择

依 2016 年债法改革法令修订后的《法国民法典》债法体例

第三卷　取得所有权的不同方式

第三编　债之渊源（第 1100 条到第 1303 - 4 条）

第一副编　合同

第一章　一般规定

第二章　合同的订立

第三章　合同的解释

第四章　合同的效力

第一节　合同对当事人的效力

第二节　合同对第三人的效力

第三节　合同期限

第四节　合同转让

第五节　合同的不履行

第二副编　非合同责任

第三副编　其它债之渊源

第一章　无因管理

第二章　非债清偿

第三章　不当得利

第四编　债之通则（第 1304 条到第 1352 - 9 条）

第一章　债的类型

第二章　债的运转

第三章　债权人的诉权

第四章　债的消灭

第五章　返还

第四编（二）　债之证明（第 1353 条到第 1386 - 1 条）

债编体例的构建是民法典结构设计的核心环节。比较法学家达维德教授曾指出,"罗马日耳曼法系各国法的学说从罗马法的资料出发,创立了债法,债法可以视为民法的中心部分"。①

一般说来,债编体例构建会涉及如下四个基本关系的处理:一是"法律行为"概念与合同的关系;二是合同法总则与债法总则的关系;三是合同之债、侵权之债与其他原因(如无因管理与不当得利)所生之债的关系;四是债法共性规则与不同原因所生之债的特殊规则的关系。而中国编纂民法典更面临着合同法、侵权责任法已自成体系且较发达的现状,这加深了协调上述关系的难度,对债编体系的构建提出了新时代的挑战。2016 年初法国新债法出台,清楚地表明中国所面临的问题也是以法国为代表的大陆法系国家所面临的问题。

如前所述,依据 2015 年 2 月 16 日《关于简化与现代化国内商业与司法领域的法律与程序之法律》的第 8 条,法国政府获得授权以"法令"的方式修订《法国民法典》债法部分(特别合同法、侵权责任法除外)。随后法国司法部于 2015 年 2 月 25 日向社会公布了《关于合同法、债法一般规则与证明的改革法令(草案)》(以下称《债法改革法令草案征求意见稿(2015)》)。次年(2016 年)2 月 10 日法国政府颁布了《关于合同法、债法一般规则与证明的改革法令》(以下简称"债法改革法令"),②并决定于同年 10 月 1 日生效。需要说明的是,《债法改革法令》系以此前的两套学者草案为基础。一套是全面涉及除特别合同法以外的所有债法内容的《卡特拉草案》(2005 年)。另一套是由法国司法部支持、由法兰西学院院士泰雷主持并完成的《泰雷合同法草案》(2008 年)、《泰雷民事责任法草案》(2012 年)和《泰雷债法草案》(2013 年)。

由此,经过十余年的准备与争论,法国债法改革取得了实质性成果。《法

---

① [法]勒内·达维德:《当代主要法律体系》,漆竹生译,上海译文出版社 1984 年版,第 79 页。

② L'ordonnance n°2016 - 131 du 10 février 2016 portant réforme du droit des contrats, du régime général et de la preuve des obligations. https://www.legifrance.gouv.fr/eli/ordon-nance/2016/2/10/JUSC1522466R/jo/texte.

国民法典》债法部分（特别合同法、侵权责任法除外）被全面修订，迎来了 1804 年以来的首次"颠覆性"变化。法国债法改革将成为大陆法系发展进程中具有里程碑意义的事件。它明确给出了在合同法、侵权责任法完备的前提下处理前述四个基本关系的思路，提供了一份难得的、可供检讨的范例。

一、法国旧债法体系的不足与出路

《法国民法典》原有的债法规范非常"散漫"，具体表现在两个方面：一方面，债法规范和"继承"等其他性质的规范并列出现在第三卷（"取得所有权的不同方式"）中。另一方面，债法规范之间的逻辑层次不明显，合同之债、非合同之债、产品责任以及买卖合同等特别合同，不论繁简并排罗列在第三卷中，而债法通则的规范隐匿在合同规范之中，难以区分一般规则与特殊规则。

在合同法与侵权责任法发达、通则规范薄弱的情况下，如何重建债法体系，处理好前述四个关系，是法国债法体系重构所面临的基本问题。

重构债法规范体例遂成为法国各方高度认同的事项，只是方案有所不同。例如，泰雷曾建议，先将第三卷改名为"债法"，剔除与之无关的"继承"和"生前赠与和遗赠"等规范（民法典新增第五卷以吸纳此二者）；①②之后将第三卷分成"债之渊源"、"债之通则"、"债之证明"以及各种特别合同等多个单元。而《卡特拉草案》认为应维系第三卷的名称和基本构造，但建议其中新设"债"编（统摄三个副编："合同及一般契约之债"、"准合同"、"民事责任"），之后罗列既有的各种特别合同规范。

《债法改革法令》采折中方案，一方面，维持了第三卷的名称和包罗万象的"箩筐"模式，另一方面对该卷内部的债法规范进行整合。据此，第三卷（"取得所有权的不同方式"）前五编为：第一编"继承"、第二编"无偿处

---

① 法国 2006 年 6 月 23 日颁布、2007 年 1 月 1 日生效的第 2006 - 728 号"关于改革继承与无偿处分的法律"（Loi n°2006 - 728 du 23 juin 2006 portant réforme des successions et des libéralités）对这两编进行了全面修订，第二编的题目也由原来的"生前赠与和遗赠"变更为"无偿处分"。

② P. Remy,Observations générales sur le plan proposé pour un livre III,Des obligations,in Pour une réforme du droit des contrats (sous la direction de F. Terré),Dalloz,2009,p. 105 - 107.

分"、第三编"债之渊源"(第 1100 条到第 1303 - 4 条)、第四编"债之通则"(第 1304 条到第 1352 - 9 条),以及第四编(二)"债之证明"(第 1353 条到第 1386 - 1 条);之后是各种特别合同的规范部分。法国新债法集中在第三编、第四编和第四编(二)。其中,第三编"债之渊源"分成"合同"、"非合同责任"(即侵权责任)与"其他债之渊源"三个单元;第四编"债之通则"分成"债的类型"、"债的运转"、"债权人的诉权"、"债的消灭"与"返还"五个单元。

法国新债法体例有三个特点。一是,"债之渊源"独立成编,在债法体例中扮演了重要角色。二是,先原因("债之渊源")再结果("债之通则"),先具体再抽象,以体现思维逻辑的过程。三是,所有的特别合同附在债法规范的最后部分,呈开放态势。

上述体例安排实际上回答了如下四个基本问题:其一,如何对待"法律行为"概念的地位(尤其是它与合同的关系);其二,如何处理合同法在债法体系中的地位(是否设立债法总则);其三,如何处理债法共性规则与不同原因所生之债的特殊规则的关系;其四,如何安置无因管理与不当得利等合同、侵权以外其他债之渊源的规范。

二、法律行为与合同的关系

大陆法系债法体系构建的首要与核心问题,即意定之债的规则是以合同法规则为中心,还是以法律行为(一个可以涵盖合同、单边、多边法律行为的更为宽泛的上位概念)规则为中心?[①]

面对这个问题,法国曾两次尝试在法典中明确二者的关系。第一次尝试拟以法律行为为中心(接近德国法模式),未能成功。第二次则以合同为中心、法律行为为辅(避开德国法模式),此为法国新债法所采纳的方案。这种变化,反映了法国法律界在半个多世纪的时间里对法律行为立法的反思结果,这种反思对中国有很强的参考意义。

---

① C. Witz,Contrat ou acte juridique,in Pour une réforme du droit des contrats (sous la direction de F. Terré),Dalloz,2009,p. 51 - 65,spéc. 51.

（一）法国五十年前的尝试：法律行为的法典化与中心化

1.“民法典改革委员会”草案

20 世纪,法国临时政府任命了学者组成的“民法典改革委员会”(1945 – 1964)。① 名为“改革”,实际工作却是制定一部新民法典。委员会在 1953 年向政府提交了草案初稿(1955 年出版)。按照该草案的设想,②民法典第四卷(“法律行为与法律事实”)第一编命名为“法律行为”,包含两章,第一章规范法律行为有效的条件,③第二章规范法律行为的无效。两章之前设有三个一般性条文,分别界定了法律行为的定义、④法律适用范围⑤以及“意思”与法律行为的关系。⑥ 尽管规范“法律行为”的编章处于法典的中间位置,但它内容详尽且涉及包括合同在内的所有类型的法律行为,在起草者看来是具有总则意义的规范,具有普遍适用性。⑦ 从这个意义上讲,草案与德国民法典的模式已颇为接近,不过它最终仅成为学术研究的宝贵材料,没有成为新的《法国民法典》。

虽然面临着外部强大的反对声音以及内部意见的分化,该委员会透过草案明确表达了两点意见:一是在民法典中对法律行为进行规范化、法典化;二是法律行为中心化,而将合同规范放到次要地位。

---

① 该委员会在 1964 年召开了最后一次会议,同年卡尔波尼埃(Carbonnier)被委任领衔《法国民法典》中人法与婚姻家庭法的修订工作,此后该委员会未再召开任何会议。J. Beauchard,Classification des sources des obligations dans les projets de codes contemporains,in L'enrichissement sans cause. La classification des sources des obligations,études réunies par V. Mannino,C. Ophèle,LGDJ,2007,p. 171 - 184,spéc. 177.

② 该草案将民法典的结构规划为:预备卷,(第一卷)自然人和家庭,(第二卷)继承与无偿处分,(第三卷)财产、物权和知识产权,(第四卷)法律行为与法律事实,(第五卷)债,(第六卷)某些合同,(第七卷)法人。Commission de réforme du code civil,Avant - projet de code civil présenté à M. le Garde des sceaux,ministre de la Justice,I, Livre préliminaire,Livre premier,Sirey,1955.

③ 该章第一节到第七节分别涉及意思、能力、代理、客体、原因、目的以及形式条件。

④ “法律行为是一个或者多个以创设、变更或者消灭权利为效果的意思表达。”

⑤ “法律行为,无论称谓如何,适用本部分的一般规定,除非法律有相反的规定。”

⑥ “无意思即无法律行为。订立法律行为的所有参与者的意思是必须的,除非有相反的规定或者约定。”

⑦ R. Houin,La technique de la réforme des codes français de droit privé,Revue internationale de droit comparé,1956,Vol. 8 N°1,p. 9 - 27,spéc. 22.

法国学界围绕这两点意见的争论从未休止过,但在今天有了比较趋同的认识:一方面,不排斥法律行为的法典化,有关支持的理由和论据在过去的半个多世纪中变化不大。另一方面,排斥法律行为的中心化,相关的论证来自于对引入德国法模式的反思。

2. 支持法律行为法典化与中心化的理由

(1)法律行为是法国法律工作者熟悉的概念和常见的法学工具

1804 年《法国民法典》中未曾出现过"法律行为"。在法国最初是学界受德国的影响于 19 世纪末开始使用这一术语。"似乎最早的推动者是布福努瓦(Bufnoir)教授",他在 19 世纪 60 年代的一次学术会议中以及后来的作品中①时常使用"法律行为"的术语,不过没有对其进行确切的解释。② "尽管早期法国学者已经能比较好地掌握法律行为这个概念,但是对这个德国舶来品还是比较敏感,加之《法国民法典》没有总则性的规定,因此其使用范围主要限于债法领域。"③例如,1890 年萨莱耶的专著《关于债法的一般理论:基于德国民法典草案的研究》出版,④该书对法律行为概念在法国的发展具有重要的作用,但从题目即可知晓其内容集中在债法领域。

由于法律行为作为概念与法律事实相对,其所依托的"意思优先"使得法国的笛卡尔主义者以及"第三共和国的康德主义教授们"感到高兴。⑤ 后来,

---

① Cf. C. Bufnoir,Théorie de la condition dans les divers actes juridiques,suivant le droit romain,Paris,Cotillon,1866.

② P. Ancel,Acte juridique et déclaration de volonté:la greffe allemande sur le droit français des obligations,in Traditions savantes et codifications,Colloque ARISTEC des 8,9 et 10 septembre 2005,LGDJ,2007,p. 161 - 186,spéc. 166.

③ D. Deroussin,Histoire du droit des obligations,Economica,2007,p. 99 - 100.

④ R. Saleilles,Essai d'une théorie générale de l'obligation:d'après le projet de Code civil allemande,Paris,F. Pichon,1890.

⑤ P. Remy,Plans d'exposition et catégories du droit des obligations,in Pour une réforme du droit des contrats (sous la direction de F. Terré),Dalloz,2009,p. 92,note 30.

在众多学者以及重要博士论文的推动下,其使用范围得到扩张。① 20 世纪中叶"民法典改革委员会"推出的草案标志着其发展的一个高峰。② 如今,在法国法学教育与研究领域(尤其是债法方面),法律行为仍是非常重要和常见的概念。③

(2)德国经验的影响

众所周知,受 19 世纪历史法学派的影响,德国民法典成为第一部以"法律行为"而非合同为核心要素的现代民法典。其"总则"中的"法律行为"一章,涉及行为能力、意思表示、合同、条件与期限、代理等方面,体系全面、内容细致,尤其吸引人的是有关法律行为的核心要素(意思表示)的详细规范。④ 以上表明,法律行为本是一个法学概念,德国法学家们已经成功地验证了将其法

---

① 按时间顺序,在此方面具有重要历史地位的代表性法国法学教程有:H. Capitant,Introduction à l'étude du droit civil,t. I,1898;M. Planiol,Traité élémentaire de droit civil,t. I,1ᵉ éd. ,1899;J. Bonnecase,Précis de droit civil,1ᵉ éd. ,1934;L Josserand,Cours de droit civil français,t. II,Théorie générale des obligations,1ᵉ éd. ,1930;J. Carbonnier,Droit civil,t. IV,Obligations,1955;G. Marty et P. Raynaud,Droit civil,Introduction générale à l'étude du droit,1ᵉ éd. ,1961,et 2ᵉ éd. ,1972;Droit civil,Les obligations,t. I,Les sources,Sirey,1ᵉ éd. 1967,et 2ᵉ éd. ,1988. 参见 P. Ancel,Acte juridique et déclaration de volonté:la greffe allemande sur le droit français des obligations,in Traditions savantes et codifications,Colloque ARISTEC des 8,9 et 10 septembre 2005,LGDJ,2007,p. 167 et s.

博士论文如,A. Rieg,Le rôle de la volonté dans l'acte juridique en droit civil français(《法国私法领域法律行为中的意思之角色》),préf. R. Perrot,LGDJ,1961;G. Roujou de Boubée,Essai sur l'acte juridique collectif(《集体法律行为论》),préf. G. Marty,Libr. générale de droit et de jurisprudence,1961;J. Hauser,Objectivisme et subjectivisme dans l'acte juridique:contribution à la théorie générale de l'acte juridique(《法律行为的客观主义与主观主义:关于法律行为的一般理论》),sous la direction de P. Raynaud,1971,Libr. générale de droit et de jurisprudence;R. Cabrillac,L'acte juridique conjonctif en droit privé français(《法国私法上的多人法律行为》),sous la direction de P. Catala,LGDJ,1990;G. Wicker,Les fictions juridiques,Contribution à l'analyse de l'acte juridique(《法律的虚构:关于法律行为的分析》),préf. J. Amiel - Donat,LGDJ,1997.

② D. Deroussin,Histoire du droit des obligations,Economica,2007,p. 99 et s.

③ A. Bénabent,Droit civil,les obligations,9ᵉ éd. ,Montchrestien,2009;R. Cabrillac,Droit des obligations,9ᵉ éd. ,Dalloz,2010;J. Flour,J. - L Aubert,E Savaux,Droit civil,Les obligations (1):L'acte juridique,14ᵉ éd. ,Sirey,2010.

④ V. Lasserre - Kiesow,La technique législative:étude sur les codes civils français et allemande,2002,LGDJ,p. 127 et s.

典化的可能性。

"到 19 世纪末,几乎所有较为发达的国家都已经有了法典,除了一些国家受到《法国民法典》的影响",对东欧有较大影响的是奥地利 1811 年民法典,而北欧另有自己的一套传统,"德国民法典来得有些晚,不能像法国法那样被广泛模仿"。此外,"其高度技术性和对所有类似情况的网状结构造成了直接转接到外国法域的障碍"。尽管如此,德国民法典的模式仍产生了重要的影响,不少国家或地区竞相效仿把法律行为和意思表示放到核心位置,成为总则的一个部分。比如,在西欧,1940 年希腊民法典、1966 年葡萄牙民法典、1992 年新荷兰民法典①;在东欧,1964 年波兰民法典、1964 年捷克民法典、1994 年俄罗斯联邦民法典;在亚洲,1898 年日本民法典以及受日本民法影响深远的 1960 年韩国民法典,1929 年中华民国民法;在美洲 2003 年新巴西民法典等,均属于此类。后来跟进的国家或地区进一步验证了将法律行为法典化和中心化的可行性。②

（3）法律行为的普遍适用性

法律行为概念具有高度抽象性,可以囊括所有类型的意思表示,由此具有普遍适用性,这是法律行为法典化的最大好处。20 世纪初波恩大学教授卡尔克·罗默克曾在试图说服法国同仁时指出,"在每一个法律具体问题中都重复规定那些在整个法律体系中重复出现的概念,才真是笨拙的","哪种建筑不始于地基? 建每一堵墙体都重新为其打地基是不是很可笑呢? 法律建构也是如此"。③

在私法领域内,法律行为理论允许将一般规则适用于所有的法律行为。如同德国民法典将法律行为规定在总则部分,它可以很自然地适用于所有私

---

① 该法典较为特殊,未设总则,有关法律行为的详细规范出现在第三编"财产法一般规定"中,覆盖了财产法部分而没有包含非财产法部分。不过该法典规定,"在财产法之外的其他领域,只要法律行为或者法律关系的性质不相对抗,也可以类推适用"（第三编第 59 条）。

② M. A. Glendon, M. W. Gordon, and P. G. Carozza, Comparative Legal Traditions, 3rd ed., 2007, Thomson West, p. 69 s.

③ C. Crome, Les similitudes du Code civil allemand et du Code civil français, in Le Code civil 1804 - 1904, Livre du Centenaire, réédition, présentation J. - L Halpérin, Dalloz, 2004, p. 587 - 614, spéc. p. 591 - 592.

法领域（债法、物权法、婚姻家庭法和继承法），不论当事人的数量（合同、单方法律行为或者集体法律行为），也不论追求的法律效果的内容（创设债务、转移、消灭或者变更权利等）。与之相比，《法国民法典》在合同订立、单方法律行为等方面规范欠缺的缺点更为突显。①

　　如果法典规范了法律行为，法官只需要运用法律行为的一般规定，就可以直接解决合同以外的法律行为（意思表示）的规范问题，尤其是便于处理单方法律行为的法律效果。比如，有法国学者指出：须在某一特定日期之前向相对人做出一个法律行为，那么该行为应当在该日期之前发出还是该日期之前到达呢？再比如，如何对待一项表意具有瑕疵的受害人所为的单边行为呢？以合同为基础的法典（如《法国民法典》）对于上述单方法律行为所引发的问题常常不能提供直接的答案，需要类推适用关于合同的规范。这里就可以看出规范法律行为的优点了。②

　　此外，法律行为规范不仅可以适用于私法的各个领域，还可以延展到公法领域。这正是上世纪 50 年代法国学者期望在民法典中引入法律行为概念的一个基本认识。③ 当时，面对法律行为法典化尤其是中心化的方案，"民法典改革委员会"内部争论巨大，草案最后之所以在委员会层面得以通过，来自行政法院的委员在投票过程中起了很大作用，因为他们希望看到行政行为能从中找到有用的渊源。④

　　（二）对法律行为中心化方案的反思

　　半个多世纪前"民法典改革委员会"对法律行为法典化和中心化所做的努力，使得法国学者有了更为丰富和直观的反思素材，不过反思的重点集中在

---

① P. Ancel,Acte juridique et déclaration de volonté:la greffe allemande sur le droit français des obligations,in Traditions savantes et codifications,Colloque ARISTEC des 8,9 et 10 septembre 2005,LGDJ,2007,p. 161 et s.

② C. Witz,Contrat ou acte juridique,in Pour une réforme du droit des contrats (sous la direction de F. Terré),Dalloz,2009,p. 51 - 65.

③ R. Houin,La technique de la réforme des codes français de droit privé,Revue internationale de droit comparé,1956,Vol. 8 N°1,p. 23.

④ L. Julliot de La Morandière,Le rapport au garde des Sceaux,in Avant - projet de code civil présenté à M. le Garde des sceaux,ministre de la Justice,I,Livre préliminaire. Livre premier,par Commission de réforme du code civil,Sirey,1955,p. 26 et s.

"中心化"上。

1. 法律行为中心主义的不足

在德国民法典中,法律行为被放置在第一编总则部分而非债法编,这意味着相关规定涉及第二编到第五编的全部内容甚至是整个私法领域。德国模式的特点是法律行为中心化。

20 世纪的法国"民法典改革委员会"就意识到,按照这种模式,关于法律行为的一般规范与各个种类的行为尤其是合同的自有规范同时存在,似乎是不可避免的。这首先意味着将增加立法或修法的工作量和规则协调的难度。最初负责总则和债法的是两个不同的分委员会,有关法律行为的一般规范主要由前者负责,但是基于协调之困难,两个分委员会最后合并成立一个新的法律行为委员会。可以说,法律行为规则的中心化导致了修法工作的拖延。① 再者,同类内容的立法重叠在实务上会有两种不利的后果:一方面导致法官得援引内容重复的法律规范而毫无必要;另一方面,两套规范易带来解释上的冲突与困难。②

而如果立法者试图避免重复立法,则又容易导致逻辑上的跳跃。比如,荷兰新民法典将欺诈和胁迫放置在有关法律行为的规范中(第三编第 44 条),而将错误放置在有关合同的规范中(第六编第 228 条)。③ 原因非常简单:错误是否导致合同无效须考察合同相对人的表现(错误是否曰相对人引起的或者是他所知道的或者他也犯有同样的错误)。相反,对于以合同为基础的法典而言,上述情况处理起来就比较简便,只需要查询有关合同有效性的规范即可。

① R. Houin,La technique de la réforme des codes français de droit privé,Revue internationale de droit comparé,1956,Vol. 8 N°1,p. 11 et s. ;Travaux de la commission de réforme du code civil,tome III (1947 - 1948),Sirey,1949,p. 11 - 13.

② C. Witz,Contrat ou acte juridique,in Pour une réforme du droit des contrats (sous la direction de F. Terré),Dalloz,2009,p. 51 - 65,spéc. 62.

③ 其第六编第 228 条(实质错误)规定,"基于事实或权利的错误而订立合同的,如果知道事实真相将不会订立合同者,于下列情形可主张撤销合同:(1)错误可归责于相对人提供的信息,但即使无此信息也会订立合同者除外;(2)相对人订立合同时知道或者应当知道该错误信息,并应予以告知的;(3)相对人在订立合同时与错误一方有相同的错误认识,但他本认为即使错误一方不发生该错误认识也会订立该合同除外。""如果实质性错误系对在合同订立时单纯将来事实的错误认识,或者依据合同性质、社会一般观念或案件相关情况完全归责于错误一方的,不得以错误为由撤销合同。"

由此,法国学者指出,如果认同"合同是最为基本的债之渊源"、"大多数的法律行为是合同"之假定,那么法律行为法典化尤其是中心化的优点也被其严重的缺点所抹平。①

此外,如果承认物权行为,那么设立法律行为的一般规则或者中心主义将具有超越债法的普遍意义,否则,法律行为所涉问题主要是在合同法领域或单方意思表示方面。如今"采信如此方式来修订《法国民法典》也被视为一种冒险,现在对设立民法总则给予的赞美比起20世纪初期已经大为减少"。②

2. 法国法学对"法律行为"概念的功能持保留意见

"法律行为"的一般理论先于合同,这正是20世纪前期接受科学法学派③和德国潘德克吞模式影响的部分法国学者所倾向的。但是深层的变革需要一个文化适应的过程,在法国,这个过程因为萨莱耶的辞世(1912年)而中断。④今天德国法律行为理论对法国学界的影响仍然有限。⑤

如安塞尔指出,(在法国)法律行为难以脱离既有的地位——债之渊源的分类的一个要素,至少在私法领域,它还没有成为可以替代合同的、真正的一般理论的支撑,也没有侵入到合同的一般理论。⑥

---

① C. Witz,Contrat ou acte juridique,in Pour une réforme du droit des contrats (sous la direction de F. Terré),Dalloz,2009,p. 51 - 65,spéc.

② P. Remy,Observations générales sur le plan proposé pour un livre III,Des obligations,in Pour une réforme du droit des contrats (sous la direction de F. Terré),Dalloz,2009,p. 95.

③ 科学法学派(Ecole scientifique)的代表人物是萨莱耶(R. Saleilles,1855 - 1912)和惹尼(F. Geny,1861 - 1956),他们虽重视成文法,但批判传统的注释法学派方法僵化并常滥用抽象原则。作为科学法学派创始人,萨莱耶强调法律是历史的、变化的,应适应时代的发展,用"进化"的观念来解释法条。惹尼认为,法条与习惯均是法源;在成文法与习惯不能解决社会问题时,应进行"科学的自由探究"去寻找规范。在科学法学派的引导下,法国学者开始在法条之外运用历史的、社会学的、比较的方法寻找解决现实法律问题的原则和规范,使得法国私法学在19世纪末进入了一个新的发展时期。参见何勤华:《西方法学史》,中国政法大学出版社1996年版,第146页以下。

④ P. Remy,Observations générales sur le plan proposé pour un livre III,Des obligations,in Pour une réforme du droit des contrats (sous la direction de F. Terré),Dalloz,2009,p. 94.

⑤ F. Limbach,Les consentement contractuel à l'épreuve des conditions générales,De l'utilité du concept de déclaration de volonté,LGDJ,2004,n°48,p. 343.

⑥ P. Ancel,Acte juridique et déclaration de volonté:la greffe allemande sur le droit français des obligations,in Traditions savantes et codifications,Colloque ARISTEC des 8,9 et 10 septembre 2005,LGDJ,2007,p. 166.

按照威茨的观点,退一步讲,即使法律行为理论影响深刻,也并不必然需要通过法典予以影印;德国民法典以法律行为和意思表示为中心的方案,远没有使 20 世纪欧洲法典化的国家都为之倾倒。例如,1942 年新意大利民法典仍然坚持以合同为核心,尽管意大利学界对法律行为理论也曾热衷一时。① 正如来自意大利的比较法学家萨科所言:"新法典通过以后,意大利学生的经验仍将永久延续下去:在考试中以良好的素养谈及法律行为,却不能在法典中发现这个词语。"②

20 世纪四五十年代支持法律行为中心化的法国学者们希望完成一个体系化和科学化的巨著,这样的路径将给民法典带来"理论化的风气"。③ 普拉尼奥乐(M. Planiol)曾批判说,"教学需要特别的方法,因为这是一种启蒙。而法典是给那些已经完成学业的人、对法律熟悉的人准备的。因此只要论题以清晰、适当的方式展开即可。"④而即使认同法典"理论化的风气",其最终目的也应当服务于法律规范的易读性和适用的简便性,法律行为中心化在此方面似乎人为增加了复杂性,是不是一件值得炫耀或鼓励的事情,法国人打上了问号。"众所周知,即使在德国,法律行为这个概念也遭遇了批评:它降低了有效性,将理论与实际脱离,并在教学领域内带来了困难。"⑤德国民法典公布以后,其高度的抽象性与实际情况之间的巨大差异,促使德国学者将精力集中在"通过解释晦涩的条文使法典可适用于实际情况"的任务上,但对抽象概念作严格形式主义的解读在 19 世纪末迎来了耶林的尖锐批判:"无人可以承受法律概念的负重,除非他放弃对真实世界的全部记忆";德国学者不断地"利用抽象推

① C. Witz,Contrat ou acte juridique,in Pour une réforme du droit des contrats (sous la direction de F. Terré),Dalloz,2009,p. 51 - 65,spéc. 54.

② R. Sacco,Modèles français et modèles allemands dans le code civil italien,Revue internationale de droit comparé,1976,Vol. 28 N 2,p. 225 - 234,spéc. 235.

③ L. Julliot de La Morandière,Le rapport au garde des Sceaux,in Avant - projet de code civil présenté à M. le Garde des sceaux,ministre de la Justice,I,Livre préliminaire. Livre premier,par Commission de réforme du code civil,Sirey,1955,p. 26.

④ M. Planiol,Traité élémentaire,t. I,5ᵉ éd. ,1950,转引自 K. Zweigert,H. Kötz,Introduction to Comparative Law (translated from German by T. Weir),3ʳᵈ ed. ,1998,Clarendon Press,p. 93.

⑤ P. Ancel,Acte juridique et déclaration de volonté:la greffe allemande sur le droit français des obligations,in Traditions savantes et codifications,Colloque ARISTEC des 8,9 et 10 septembre 2005,LGDJ,2007,p. 171.

理能力发展一系列方法去桥接法学思想与纷杂、顽固的现实主义"。① 茨威格特与克茨也指出,"德国民法典就是潘德克吞学派的亲骨肉,拥有其所有的优缺点";"其总则部分常会误导新手,有时也包括专业人士"。② 法国学者认为,"在'教授法'国家,人们指责《法国民法典》科学性太弱曾超过一个世纪;但今天与德国民法典的抽象技术相比,人们似乎更认可《法国民法典》的特点。"③

此外,另有法国学者对概念的"正统性"也提出过质疑:法律行为概念出现在18、19世纪,经德国潘德克吞法学家的努力而发展起来。他们通过研究罗马法的经典《学说汇纂》,从中发现出了这个所谓的共同基础概念以便构建一个先总则后各个特别部分的法律体系。"这不仅仅是一个悖论,因为这个概念对古罗马人而言是陌生的。"④

现在,法国的主流观点认为,法律行为的理论,正如德国法所展示的,意味着意思表示的一般规则。⑤

3. 意思表示概念与理论研究在法国的新崛起

法国学者强调,法律行为(Rechtsgeschäft)肇端于意思表示(Willenserklärung)概念。萨维尼在其著作《当代罗马法体系》(1804)中将"意思表示"和"法律行为"当成同义词来使用。这两个词在概念上的差异于后来出现:这归功于19世纪后期德国罗马法学家贝克尔(Ernst Immanuel Bekker)。早在1794年,普鲁士邦普通法典就曾使用"意思表示"的概念,并将其规定在合同订立之前,旨在将其作为要约和承诺的共同规范。在这里,意思表示多少起到了后来法律行为概念在潘德克吞法典中所起到的立法功能。德国民法典虽未界定何为法律行为,但通过解读不难得出法律行为的本质就是意思表示的结论。比如该法典第154条第1款规定:"双方当事人未能就合同的所有各点成立合意,而对此所有

---

① M. A. Glendon,M. W. Gordon,and P. G. Carozza,Comparative Legal Traditions,3rd ed. ,2007, Thomson West,p. 65.

② M. A. Glendon,M. W. Gordon,and P. G. Carozza,Comparative Legal Traditions,3rd ed. ,2007, Thomson West,p. 93.

③ P. Remy,Observations générales sur le plan proposé pour un livre III,Des obligations,in Pour une réforme du droit des contrats (sous la direction de F. Terré),Dalloz,2009,p. 94.

④ D. Deroussin,Histoire du droit des obligations,Economica,2007,p. 99.

⑤ V. Lasserre - Kiesow,La technique législative:étude sur les codes civils français et allemande, 2002,LGDJ,p. 129.

各点即使只依一方当事人的表示仍应达成协议的,如无其他规定,合同不成立。"也就是说,合同是当事人在实质要素上存在意思表示的吻合。法律行为似乎只是在意思表示之外添加了一些要素(如形式、物的交付、登记、授权等):一项意思表示,只要法律规则愿意,即构成法律行为或者构成法律行为的一个要素。① 因此,意思表示概念才是有关法律行为有效性规则的支撑。这个概念在法国曾长期被法律工作者所遗忘,②但今天它则处于一个再次激发活力的阶段。③

法国学界关于法律行为规范化的争议一直持续到今天。比较趋同的认识是,一方面,不排斥法律行为的法典化,实际上《法国民法典》也已经在证明规则、合同形式等某些具体领域使用了法律行为的表述;④甚至也不排斥继续扩大其使用范围,使之不局限于证据规则或形式规则方面而成为民法典中的普适性概念。另一方面,排斥法律行为的中心化。这些观念体现在如今的法国新债法上。

(三)法国新债法的方案:合同的中心化与一般准用条款

如果说法律行为概念的主要功能是可以全面规范所有类型意思表示尤其是单方意思表示,那么可否将合同规则中心化同时针对单边行为等制定特别的法律适用规范援引合同规则呢? 这正是法国新债法所采用的路径。

---

① G. Wicker,Les fictions juridiques,Contribution à l'analyse de l'acte juridique,préf. J. Amiel-Donat,LGDJ,1997; F. Limbach, Les consentement contractuel à l'épreuve des conditions générales,De l'utilité du concept de déclaration de volonté,LGDJ,2004,p. 101 et s. ; C. Witz, Contrat ou acte juridique,in Pour une réforme du droit des contrats (sous la direction de F. Terré),Dalloz,2009,p. 51 - 65,spéc. 52.

② F. Ferrand,Droit privé allemand,Dalloz,1997,n°182.

③ P. Ancel,Acte juridique et déclaration de volonté:la greffe allemande sur le droit français des obligations,in Traditions savantes et codifications,Colloque ARISTEC des 8,9 et 10 septembre 2005,LGDJ,2007,p. 179.

④ 例如,根据 1980 年 7 月 12 日第 80 - 525 号有关"法律行为之证明的法律",《法国民法典》第 1326 条经修订后出现了"法律行为"的表述。又如,根据 2004 年 6 月 21 日有关采用电子形式订立合同的法律,"法律行为"的概念出现在契约有效要件的章节与法律规范中(如第 1108 - 1 条规定"法律行为有效,应采用书面形式"),这已经是进入到了合同法的核心地带。P. Ancel,Acte juridique et déclaration de volonté:la greffe allemande sur le droit français des obligations,in Traditions savantes et codifications,Colloque ARISTEC des 8,9 et 10 septembre 2005,LGDJ,2007,p. 173.

　　区别于五十年前的方案,《债法改革法令》一方面在《法国民法典》债法部分确立了法律行为为合同的上位概念,另一方面否定了法律行为中心化的方向,仍然坚持合同规则的中心地位,设立了一般类推适用规则。《债法改革法令》把界定法律行为放在"债"编开始的地方,明确法律行为系债产生之主要渊源的地位,①随后界定了法律行为的一般概念以及契约法律行为和单方法律行为两种类型,最后重点指出:合同规则可适用到其他法律行为。②③ 纵观法国新债法,使用"法律行为"术语的地方屈指可数,主要集中在证明规则单元。④由此,有关合同的一般规定将超越合同的范围全面发挥其效力。例如,判定向相对人非即时作出单方法律行为的生效时间、单方法律行为人的意思瑕疵的法律后果等,法国法官均将援引合同一般规则。

　　《债法改革法令》的方案得到了学界较为广泛的肯定。"合同当然是一种法律行为,但在主流观点看来,合同现在是、将来仍是最为核心的。这就是为什么'债'编的第一个副编集中规范合同。"⑤"只需要一个简单的规范规定,有关合同的规定类推适用到其他法律行为,就可以解决最为实质的问题","这一规范并不排斥以特别规范的补充规定,尤其是关于表示和行为的解释"。⑥ 实

---

① 《法国民法典》新修订的第 1100 条第 1 款规定:"债产生于法律行为、(狭义)法律事实(fait juridique)或法律的直接规定。"

② 《法国民法典》新修订的第 1100 - 1 条规定:"法律行为是旨在产生法律效果的意思表示。它可以是合意的或单方的";"依情形,就其(法律行为)有效与效力,适用有关合同的规则。"

③ 《债法改革法令》的内容主要借鉴了《卡特拉草案》的第 1101 条和第 1101 - 1 条。《卡特拉草案》第 1101 条第 1 款规定:"债产生于法律行为或者(狭义)法律事实(fait juridique)。"第 1101 - 1 条共 5 款,分别为:"法律行为是旨在产生法律效果的意思行为";"契约法律行为或者契约是在两个或者多人之间订立的、以产生上述效果为目的的协议";"单方法律行为是,在法律或者习惯承认的情况下,由一人或者基于同一利益之考虑而结合的多数人完成的、以产生法律效力为目的的行为";"集体法律行为是由某集体的成员集体作出的决议";"就其有效与效力,单方法律行为和集体法律行为可以依情形适用有关契约的制度"。

④ 如其新修订的第 1359 条、第 1364 条、第 1367 条涉及法律行为在证人证据或书面证据方面的特殊要求。

⑤ 见《〈卡特拉草案〉立法理由书》之相关部分说明(G. Cornu,Source des obligations - Définitions:art. 1101 à 1103)。

⑥ C. Witz,Contrat ou acte juridique,in Pour une réforme du droit des contrats (sous la direction de F. Terré),Dalloz,2009,p. 51 - 65,spéc. 63.

务界对此也持肯定态度。①

（四）比较法上的印证

法律行为与合同何者为法律体系化的中心？从比较法的角度看，很多民法典如意大利、西班牙、奥地利、瑞士、魁北克民法均采合同中心主义，更值得注意的是近年来蓬勃发展的比较私法也展示出这一方向。

魁北克民法典使用了"法律行为"的表述，例如其在第五卷第一编"债的一般规定"中指出，"法律行为"可以产生债（第1371条）。但是一方面，该法典并没有集中规定法律行为的生效与效果规范，有关制度仍以合同规范为基准，另一方面，在法典其他地方偶然看到的法律行为的表述多出现在证据规范或国际私法规范中。②

与之类似的是瑞士债务法。其第1条规定，"如果当事人已经以相互而一致的方式显示出他们的意思"，则合同订立。这里没有涉及法律行为，也没有涉及意思表示，有的仅是合同。按照瑞士学者泰尔西耶（P. Tercier）教授的解读，合同是最为重要的也是法典唯一给予详细规范的。正因如此，与之有关的规定原则上适用到所有的法律行为。而实际上，诞生于1883年的该法典在1907年修订之际（后于1912年1月1日生效）本可以接受德国民法的影响，但瑞士仍然坚持以合同为中心。③ 法典中偶有条款使用法律行为的术语，④但均以补足合同规则为目的。

此外，1811年奥地利民法典虽历经多次修改，仍然坚持以合同为轴心。如今其第十七章的名称从"合同的一般规定"变更为"合同和法律行为的一般规

---

① 例如，法国最高法院组成的工作组在审议《卡特拉草案》以后，对其就法律行为、事实行为等给出定义一事持肯定态度，认为界定法律术语的做法有利于法律概念的清晰与适用，符合欧洲立法发展方向等。这从一个侧面反映出，其并没有反对法律行为概念的法典化与对合同规则的准用。参见《法国最高法院＜债法和时效制度改革草案＞工作组报告》（2007年6月15日）（"Rapport du groupe de travail de la Cour de cassation Sur l'avant - projet de réforme du droit des obligations et de la prescription"）。

② 如其第七卷"证明"（第2811条、第2826条、第2829条、第2831条、第2860条到第2864条等）和第十卷"国际私法"（第3087条、第3109条、第3111条、第3112条等）。

③ C. Witz,Contrat ou acte juridique,in Pour une réforme du droit des contrats (sous la direction de F. Terré),Dalloz,2009,p. 51 - 65,spéc. 54.

④ 如第33条到第35条（行为能力）、第77条（债务履行期限）、第396条（委托范围）和第216C条（不动产出售优先购买权）等。

定"，该章之下有法律行为的一般性规定，法律行为也已经成为贯穿整个法律体系的要素，但在规范体例上仍以合同规则为主，有关法律行为的规则系对合同规则空缺之处的填补。①

可见，以合同为中心的法典并不排斥使用法律行为的概念（法典化），通常会将其限定在有限的范围内，欠缺普适性（如法国、瑞士、魁北克），或者虽具有普适性但在规范体系中仅具有补充地位（如奥地利）。

模范法中三份重要的合同法范本均未背离合同中心主义。其中，统一私法协会的《国际商事合同通则》（PICC）比较谨慎，它将调整对象严格限定在合同关系领域，仅涉及了合同领域内的单方意思表示。其第 3.20 条（单边表示）规定：有关合同效力的"各项规定，经适当修改后适用于一方当事人向另一方当事人传达的任何意思表示。"根据起草者对该条的说明，这里的单边意思表示仅限于围绕着合同关系单方作出的意思表示（例如有关放弃权利、请求履行等），而非所有的单方行为。类似地，《欧洲合同法典（草案）》②在第一卷第一编具有总则性的规定中指出，该法典的规则原则上适用于与合同有关的单方行为。③

而《欧洲合同法原则》（PECL）较为大胆地突出了合同规则的中心地位，比如该范本在"一般规定"部分指出，其内容也可类推适用到单边允诺以及其他表示意图的陈述和行为。④ 此外，该范本还通过特别规范认可了"无须接受即具有拘束力的允诺"可发生效力："一项意欲无须接受即具有拘束力的允诺是有拘束力的"（第 2:107 条）。虽名为合同法，其规范的对象已不仅仅是合同。

---

① J. Fortunat Stagl,La réception de la théorie de l'acte juridique (Rechtsgeschäft) en Autriche grace à J. Unger,in Traditions savantes et codifications,p. 187 - 208,spéc. p. 203.

② 《欧洲合同法典（草案）》（European Contract Code/ECC,法文名称 Code européen des contrats/CEC）系由甘德尔菲（Giuseppe Gandolfi）教授参与领导的"欧洲私法人学院"（Académie des privatistes européens）起草的，现已经公布了前两卷（总则、买卖合同）。

③ 其第 4 条（规则适用于单边行为）规定："对于旨在签订合同或者进入到该进程中完成的单边行为，包括以合同的消灭或者不生效力为目的的此类行为，本法典有关合同的规则作为与之相适应的规则予以适用。本法典、欧盟法律或者各成员国国内法上强制性规范另有规定的除外。"

④ 第 1:107 条（本原则的类推适用）："本原则经适当修正适用于变更或解除合同的协议、单方允诺和其他的表意陈述和行为。"

显然,起草者希望范本能在合同领域之外发挥一般法则的作用。①

就民法示范法而言,《(欧洲私法)共同参考框架草案》虽然使用了"法律行为"的表述,但仍是以合同为中心。这首先体现在其第二卷的命名上:"合同与其他法律行为"。更为重要的是,范本没有采用诸如"其他法律行为类推适用合同规范"的一般规范,而是在合同法体系框架之中,不时地、有针对性地强调,某些合同法的规范可以适用到其他法律行为。② 或者,偶尔地,仅使用法律行为的表述涵盖合同在内的所有法律行为。③ 起草者之所以不设立"类推适用"的一般规范,是因为在他们看来,这样简单的规定不能凸显合同规则的"适当修订"。④ 这很好地说明了起草者以合同规范为中心的立法初衷。⑤

比较明显的结论是,在合同与其他法律行为的关系方面,所有的模范法反映了合同规则的中心化,普遍认同援引合同规范的立法技术。原因很简单,法律行为中心化的做法不利于不同国家之间的私法统一或协调。重复规范同类事件,只会导致协调更加困难。而且很难想象英美法系的法律工作者接受以欧陆法学概念为基础构建的示范法。如此只能是破坏性远超建设性,且不说理解和掌握这个极具抽象性的概念的难度。

有学者指出,法律行为的概念不利于消除两大法系之间的隔阂。尽管具有"科学"的一面,但在欧洲层面现在还没有任何一个范本旨在重绘一个德国民法体系。其中,或许最为"科学的"是《欧洲私法共同参考框架草案》,不过这

---

① C. Witz,Contrat ou acte juridique,in Pour une réforme du droit des contrats (sous la direction de F. Terré),Dalloz,2009,p. 51 - 65.

② 例如,在有关"订立"的第四章中,专设第三节特别规范合同之外的"其他法律行为"。在关于"无效原因"的第七章中,强调该章有关规则类推适用到其他法律行为(第 II - 7:101 条第 3 项)。在有关"解释"的第八章中,先设第一节规范"合同的解释",再设第二节特别规范"其他法律行为的解释"。

③ 参见其第六章"代理"的具体规范。

④ Study Group on a European Civil Code,Research Group on the Existing EC Private Law (Acquis Group) (ed.),Principles,Definitions and Models Rules of European Private Law,DCFR,Sellier,2008,p. 25.

⑤ C. Witz,Contrat ou acte juridique,in Pour une réforme du droit des contrats (sous la direction de F. Terré),Dalloz,2009,p. 51 - 65.

个还不确定的草案并不会比其他欧洲范本带来更大的实用方案。①

三、合同法与债法通则的关系

合同中心主义在不同领域内可能有不同的含义。前述合同中心主义是指，鉴于合同作为最典型的法律行为，所有类型法律行为的规范以合同规范为基础展开；它针对权利义务的变动。

而就权利义务的内容而言，合同中心主义则主要是指，合同之债作为最典型的债，债法一般规则主要在合同规范中展开。2016 年债法改革之前的《法国民法典》就是典型。

按照法国法的传统，合同规则不仅是所有法律行为的基本规范，还是其他原因所生之债的基本规范：债法一般规范"隐匿"于合同法规范之中。不过，按照 2015 年法国议会授权政府修法的法律（第 8 条第 10 项）之规定，将债法一般规则与合同法在形式上相互分开成为一项重要的改革内容。

（一）将债法通则从合同规则中剥离

与中国合同法极为类似，1804 年《法国民法典》在债法结构方面有两个相互关联的特点，首先是以债之发生原因为出发点构建债法的框架，然后将债法一般规则放在契约之债规范中展开。这从法典第三卷第三编的名称（"合同与一般契约之债"）即可看出。它高度展现了合同为债法中心的理念。

《卡特拉草案》试图维持这种传统结构，②其原因并不仅是基于忠诚于民法典的方法或者基于便利的考虑，也是基于合同为债法中心的传统理念。契约之债是所有债的一般模式，位居首位，这是自然法学派留下的遗产。

但此种模式会大大减损"债"这一法学概念在立法体系上的积极作用。"债"因具有高度抽象性，可以将基于合同、侵权、不当得利、无因管理等不同原因产生的法律关系网罗在一起，从而形成一个与物权制度相互并列的财产法部门，成为民法规则体系化和法典化的有力工具。德国民法典的五编制体例之所以能在很长一段时间内成为竞相模仿的典范，与此不无关系。相比较而

---

① 　P. Remy,Observations générales sur le plan proposé pour un livre III,Des obligations,in Pour une réforme du droit des contrats (sous la direction de F. Terré),Dalloz,2009,p. 95.

② 　《卡特拉草案》设计的"债"编的第一副编为"合同及一般契约之债"，即为例证。

言,《法国民法典》没有充分利用"债"的高度抽象性囊括相关规则,它先以债之发生原因为出发点构建债法的框架、将不同原因之债并排罗列,然后再将债法一般规则内嵌在契约之债中展开,缺乏"交集"性的债法总则,整体结构松散。

最终通过的《债法改革法令》参照《泰雷债法草案》,决定对这种合同中心主义的传统做法进行微调,按照现代法国学术风格改造《沄国民法典》债法体系:先后设置了"债之渊源"与"债之通则"两个单元。将有关债法的一般性规定从合同法中搬迁出来归入"债之通则"单元,包含"债的类型"、"债的运转"、"债权人的诉权"、"债的消灭"与"返还"五方面的内容。在"债之渊源"部分规范合同(总则)以及侵权、准合同等债的渊源。合同单元包含四章:"一般规定"(主要涉及合同类型与合同法的基本原则)、"合同的订立"、"合同的解释"以及"合同的效力"(该章又分五节,分别为"合同对当事人的效力"、"合同对第三人的效力"、"合同期限"、"合同转让"和"合同的不履行")。

(二)特别合同与债之渊源、债之通则并列

不仅如此,法国此次债法修订的另外一个重要特点是,在"债之渊源"、"债之通则"之后规范所有的特别合同。但由于特别合同法将成为下一阶段修法的对象,目前暂时尚无法确切知道这些特别合同最终是按照既有的体例依次并排展开,还是会集中在一个新设的诸如"合同分则"的单元中。可以确定的是,特别合同与"合同(总则)"单元分离、附在所有债法规则之后。这种立法体例可以带来一些比较明显的好处。

首先,具有形式美。它减少了编章节目等的层级设置。如将其与合同总则并列放置在"合同"标题之下,那么"债"编之下设债之分则(或债之渊源),之下再设合同法,后者又包含总则与分则,分则之下姁见大量的各类有名合同,过于繁杂。同时,考虑到特别合同内容庞杂,这种编制可从合同规则中分流出大量规范,使得"债之渊源"部分的条文数量较为均衡。加之,特别合同的修法频繁,附于债法最后部分,可避免日后修法对其他部分的构造产生影响。

再者,从逻辑上讲,特别合同既可能表现在其产生的原因特殊,更是债的内容具有特殊性。其规则不仅仅构成合同法一般规则的特别法,也是债法一般规则的特别法。将特别合同规范放置在"债之渊源"与"债之通则"之后,完全符合其"特殊性"。

此外,这种结构也很好地兼顾了既有的法典体系,降低了修改法典的工作量与难度,因为《法国民法典》既有第三卷之下直接罗列了大量的特别合同,现在只需要维持原样或者将其一同放置到"特别合同"的标题之下即可。

(三)比较法上的印证

如前所述,模范法展示了合同中心主义的一个方面:合同规范是所有法律行为的基准规范。其实,模范法也证实了合同中心主义的另外一个方面:合同规范是其他渊源所生之债的基准规范,是债法的基准规范。推动设立债法通则的法国学者也承认:欧洲层面的合同法重新回到这一传统。自从《欧洲合同法原则》和《欧洲合同法典(草案)》以来,将债的一般规则嫁接到合同规范中不能再被认为是具有仿古气质的法国法所特有的现象。①

不过,此次修订使得法国债法转向了大多数民法典的做法:将债法通则与合同法分离。这又有两种体例:一种是设立独立的"债法总则"单元集中所有的一般性规则。例如,意大利民法典第四卷"债"第一编"债之通则"收纳了大量的债法一般性规范。② 在亚洲,日本民法典第三编"债权"第一章为债法"总则"、韩国民法典第三编"债权"第一章为债法"一般规定",均为典型。

另一种是将债法一般规范分类展开与合同法总则等并排放置,如德国、荷兰、魁北克。现在德国民法典第二编"债法"所含的八章中,有五章为债法通则性单元,③三章为分则性单元。④ 新荷兰民法典债的规范由两个部分构成:"债法总则"(第六编)与"特殊合同"(第七编)。"债法总则"包含五章:前两章具

---

① P. Remy,Observations générales sur le plan proposé pour un livre III,Des obligations,in Pour une réforme du droit des contrats (sous la direction de F. Terré),Dalloz,2009,p. 90;P. Remy,Réviser le Titre III du Livre III du Code civil,RDC 2004. 1176.

② 该编下设七个单元,分别涉及"预备性规定"、"债的履行"、"债的不履行"、"除履行以外导致债消灭的方式"、"债权让与"、"委任债务人、代位清偿和债务承担契约"以及"债的类型"。

③ 即第一章"债务关系的内容"、第四章"债务关系的消灭"、第五章"债权的转让"、第六章"债务承担"、第七章"多数债务人和债权人"。

④ 即第二章"通过一般交易条款订立的债务合同"、第三章"因合同而发生的债务关系"、第八章"特别类型的债务关系"。

有债法通则性质,①后三章规范债的渊源。② 此外,魁北克民法典第五卷"债"包含两个部分:"债的一般规定"(第一编)和"特别合同"(第二编)。前者下设九章,依次是"总则"、"合同"、"民事责任"、"部分其他债之渊源"、"债的种类"、"债的履行"、"债的转让与变更"、"债的消灭"、"给付的返还"。除第一章"总则"属于预备性规定外,③剩余八章自然地形成为两个群体:债的渊源与债法通则。

由此可见,不论是否设立债法"总则",大陆法系国家普遍将债法一般性规则从合同法中分离出来,没有印证合同法模范法的发展方向。这主要是因为,模范法要兼顾英美法系,而后者欠缺大陆法系的债法概念,无法完成此类通则的抽象工作。④ 相反地,大陆法系国家普遍认可债法概念,而其所囊括的规范类型必然有一般与特别的区别。

法律行为可以便利地准用合同规范,是因为它具有与合同相同的实质要素(意思表示)。但是,产生债的其他原因(多为事实行为)与合同则有着根本性的差异,将债法通则从合同法则中剥离出去,能够很好地区分出不同原因所生之债的共性与个性。此外,在形式上也可避免合同法条文数量比重过大。

简言之,法国债法修订所选取的将债法通则从合同法中剥离的方案,形式上平衡法典结构,内容上可更好地发挥债的抽象作用,与大陆法系其他国家更为接近,同时操作并不复杂。当然,它并不意味着否定了自然法学派留下的"合同中心主义"的遗产,因为合同之债仍是首要的、典型的债。

---

① 即第一章"债的一般规定"、第二章"债权让与、债务承担与债权抛弃"。
② 即第三章"侵权行为"、第四章"侵权行为和合同以外其他渊源所生之债"、第五章"合同法总则"。
③ 第一章"总则"共7个条文(第1371条到第1376条)且内容较为简要,主要界定了债及其客体,指明了善意原则和债法对公法人的适用性。
④ 正因为如此,《共同参考框架草案》体现了很强的大陆法系特点,其第二卷实质为债法的一般通则。

四、债之通则与债之渊源的关系

如果立法者决定不在合同规范中展开债法一般规则,那么必然会有类似于债法总则(共同规则)与分则(特殊规则)的构造。对此,法国债法改革聚焦在两个具体问题上,一是如何安置民事责任法(即侵权责任法),二是如何安置无因管理与不当得利的规则。一方面,法国侵权责任法已较成熟。侵权责任规范将成为法国下一步的民法改革对象,从现有草案来看,将会自成体系且条文数量达数十条(例如《泰雷民事责任法草案》设计了 69 个条文)。另一方面,法国有关无因管理、不当得利等其他债的渊源的规范数量也颇为单薄(经本轮债法修订后,相关条文共 16 个)。在设置债法通则的情况下,如何设计分则的规范,如何平衡逻辑与形式美的关系,就此本次法国债法修订有两个特点。

（一）以“债之渊源”命名债法分则部分

《法国民法典》债法体系的传统结构是建立在债的渊源之上。此次债法体系重构以“债之渊源”组建分则部分,按照三分法集中规定债的渊源。

不同的原因会导致债的具体内容出现较大差异。例如违约的救济与侵权的救济、无因管理本人的债务与不当得利获益人的返还债务,均有较大的出入。因此按照债的渊源安排债法规则是自罗马法以来的传统。

早期罗马法学家盖尤斯采用三分法,认为依罗马法编制债的原因大体分为契约、侵权、其他复类原因(variae causerum figurae)三项。“所谓其他复类原因,指债之原因不属于契约或侵权者而言”,监护、共有、无因管理、不当得利等项均属之。[1] 三分法遂成为所有大陆法系国家共通的传统和相关理论演变的来源。[2]

后来注释法学派的罗马法学者将《学说汇纂》和《法学阶梯》结合起来,通常认为债的渊源有四项:合同、准合同、侵权和准侵权。1804 年《法国民法

---

① 参见陈朝璧:《罗马法原理》,法律出版社 2006 年版,第 112 页。

② J. - M. Augustin,Les classifications des sources des obligations de Domat au Code civil,in L'enrichissement sans cause. La classification des sources des obligations,études réunies par V. Mannino C. Ophèle,LGDJ,2007,p. 119 - 129.

典》则按照起草人波蒂埃(Pothier)的设计,在这四项之外加入了"法律"(第1370条第2款)。这一规定虽毫无问题,但并无太多的实际意义。主要受到攻击的是《法国民法典》在形式上保留了侵权和准侵权的区分(即第1382条和第1383条)。尤其来自自然法学派的批判最为直接:既然"侵权"由过错构成,那么它应当包含了"准侵权",后者也以轻率或疏忽过错(faut d'imprudence、faute de negligence)为内容,应合二为一,前述四项主要渊源被自然法学派减少为三种。这种合二为一的理念在法国学界得到了广泛的认可。经过两个世纪,除了法定之债,《法国民法典》中债的渊源实际已经被压缩成三种:合同、侵权以及准合同。① 法国债法体系重构正是遵循三分法整合出"债之渊源"单元,它具体包括了"合同"、"非合同责任"和"其他债之渊源"三个部分。

(二)先分则,后通则

在"债之渊源"(特别规则)之后规制"债之通则"(共同规则),是本次法国债法修订的另一个特点。这个顺序符合债之关系的内在逻辑,也遵从了法国晚近以来的学术习惯。

就时间而言,先有法律事实作为原因使当事人之间建立起债之关系,然后当事人依据债的规则实现债权、变更或消灭债之关系,这是实现债的功能的基本过程。从原因开始,是一个自然而逻辑的过程。就重要性而言,债的渊源应是安排债法体系时的主导要素。而"先原因、后通则"的模式,有利于突出不同原因的债的差异性。虽然"债"的概念把有关制度收纳为与"物权"并列的单元,有利于法典体系化,但它不应当成为掩盖不同原因之债的差异性的概念。

正是由于时间在先且决定了债的基本内容,债的原因也成为人们逻辑思维的起点。大陆法系法律工作者在处理债权债务关系的案件时,首要出发点是判断产生债的原因(合同、侵权抑或其他),然后据此找寻相关的特别规定,之后才可能到债法的一般规则中寻找技术支持,处理未尽事宜。

---

① P. Remy,Observations générales sur le plan proposé pour un livre III,Des obligations,in Pour une réforme du droit des contrats (sous la direction de F. Terré),Dalloz,2009,p. 85 et s.

　　这种思维也通过法国法学研究与教育的变迁得以印证。1804 年《法国民法典》第三卷第三编将债法通则混同在合同规范中，在一个世纪之前曾受到科学法学派的激烈抨击。为了教学之便利，法国学界于是按照当时流行的潘德克吞模式自由设计债法学的体例。20 世纪初，法国有影响力的债法教科书常先讲述债的一般理论，然后再论述不同渊源之债的具体制度。① 但是最近半个多世纪，法国学界的习惯发生了变化，债法教程普遍将债法总则的内容置于债的渊源之后。② 这种变换的原因也是基于教学的考虑：实际上债法总则非常抽象和艰涩，不适宜直接讲授，而学生们似乎更容易凭借直觉掌握什么是合同、损害的补救、不当利益的返还。③

　　（三）比较法上的印证

　　法国债法修订方案的形式特点可以简明地概括为：强调债的渊源对债法体系的根本影响力。这除了顾及法国法的传统与修法的简便，也符合比较法的发展趋势。

　　有关"债的渊源"，大陆法系民法典有两种立法体例。第一种，债的渊源分布比较紧凑，多是受法国法影响较深的民法典。比如，1942 年意大利民法典第四卷"债"共九编，在规定了债法通则（第一编）之后，按照债的渊源依次规范了契约总论、各类契约、单方允诺、有价证券、无因管理、非债清偿、不当得利以及不法行为。而晚近以来新制定的法典更凸显了债的渊源在债法体

---

① 　例如，1913 年普拉尼奥乐所著的债法教程（M. Planiol,Traité élémentaire,t. II,9ᵉ éd. ,1913,Libr. générale de droit et de jurisprudence）依次由"证明"、"债的一般理论"、"合同"、"先取特权与抵押"四部分组成；1928 年科兰和卡皮唐合著的债法教程（A. Colin 和 H. Capitant,Cours élémentaire de Droit civil français,t. II. 5ᵉ éd. ,1928,Dalloz）依次由"债的一般理论"、"债之渊源"和"担保"三个部分组成。

② 　例如，1954 年普拉尼奥乐与里贝尔合著的债法教程（M. Planiol,G Ripert,Traité pratique de droit civil français,t. VI et VII,Obligations,2ᵉ éd. ,1954,Libr. générale de droit et de jurisprudence）非常明显地在合同、侵权、准合同规则之后讲述债法通则。又如 G Marty, P. Raynaud,Droit civil,t. II,Les obligations,1962,Sirey;J. Dupichot,Le droit des obligations. 5ᵉ éd. corrigée,1997, PUF; A. Bénabent, Droit civil, les obligations,9ᵉ éd. , Montchrestien, 2009; Ph. Malaurie,L Aynès,Ph. Stoffel - Munck,Cours de droit civil:Les obligations,5ᵉ éd. ,2011, Dalloz

③ 　P. Remy,Observations générales sur le plan proposé pour un livre III,Des obligations,in Pour une réforme du droit des contrats (sous la direction de F. Terré),Dalloz,2009,p. 89.

系构建上的地位。1992 年新荷兰民法典依据三分法将债的渊源并排罗列。其第六编债法总则下设五章,前两章具有债法通则性质,后三章对应了债的渊源的三分法。① 不过该法典仍是先总后分的模式,将债的渊源位于一般性规则之后。

到了 1994 年魁北克民法典,债的渊源不仅按照三分法并排出现,而且位于一般性规范之前。如前所述,其第五卷"债"第一编"债的一般规定"所含的九章中,第一章为引论性规范,第二章到第四章对应债的渊源三分法(合同、民事责任、部分其他债之渊源),第五章到第九章属于债法通则性单元(债的种类、债的履行、债的转让与变更、债的消灭、给付的返还)。法国债法修订的方向与之颇为接近。

另一种立法例,债的渊源分布比较松散,多为受德国法影响较深的民法典。德国民法典第二编"债法"所含的八章中,合同总则位于第三章("因合同而发生的债务关系"),合同分则、无因管理、不当得利、侵权行为等则散见于第八章("特别类型的债务关系")。尽管如此,不可否认的是,在欧洲层面,债的主要渊源都肇端于罗马法,在法典化时代之前在欧洲大陆已被广泛传播,并扩展至所有的大陆法系国家。相应的债法学研究与教育也以债的渊源作为基本和首要的逻辑起点。②

这种分类方法不仅是传统大陆法系的经典之处,英美法国家对此也有相通之点。虽然对于债的概念不太热衷和熟悉,③但英美法系的传统并未忽视其主要的渊源——合同、侵权。晚近以来,更有学者在"返还法"方面进行了体系

---

① 第三章"侵权行为";第四章"侵权行为和合同以外其他渊源所生之债"包括无因管理、非债清偿、不当得利;第五章"合同法总则"。

② 如下两位德国教授展示德国债法的英文著作即是很好的例证。R. Zimmermann, The New German Law of Obligations:Historical and Comparative Perspectives, Oxford Universtiy Press,2005;G. Dannemann, The German Law of Unjustified Enrichment and Restitution:A Comparative Introduction, Oxford University Press,2009.

③ "在每位普通法法律人的头脑中并不存在'债'这个分类。大学课堂也没有以此命名的课程。随着罗马法教学的弱化,人们听说合同与侵权被关联在一个超大概念之下越来越感到吃惊。"P. Birks, An Introduction to the Law of Restitution (revised edition),1989, Clarendon Press,p. 28.

化的工作,①大陆法系"债"的概念也越来越多地被利用,②呼应了从罗马法传承下来的债的三分法。此外,如今涉及债法规范的模范法,其逻辑的起点正是债的渊源(众多的合同法、侵权责任法模范法范本即是例证)。

---

① 例如 R. Goff,G. Jones,The Law of Restitution,1st ed. (1966),7th ed. (2009),Swert & Maxwell;上引 P. Birks 书;A. Burrows,E. McKendrick,J. Edelman,Cases and Materials on the Law of Restitution,1st ed. (1997),2nd ed. (2005),Oxford University Press 等作品,针对大量的"返还"案例进行了学术上的研究,其分类方法对传统大陆法系学者而言非常熟悉。博克斯(Birks)教授在《返还法入门》(An Introduction to the Law of Restitution,p. 17)一书中指出,"返还与不当得利(unjust enrichment)针对完全相同的法律领域",只是角度不同而已,"后者从原因角度,前者从结果角度"。在其著作中,我们还可以看到债法与物权法分类方法的影子。

② 例如布鲁斯主编的《英国私法》(A. Burrows (ed.),Oxford Principles of English Law:English Private Law,1st ed. ,2000,and 3rd ed. 2013,Oxford University Press)高度体现了大陆法系债的分类方法。

第三章

准合同及其类型的
安置

《法国民法典》

　　第 1300 条　准合同是完全自愿之行为,由此给本无权利获取利益却获得利益之人产生义务,有时行为人也对他人负有义务。

　　本副编所规范的准合同有无因管理、非债清偿和不当得利。

1804 年《法国民法典》使用"准合同"("准契约"①)的概念,设立专章并在体例上不加区分地规定了两种类型的"准合同":无因管理和非债清偿(第1371 条到第 1381 条)。② 后在学理的影响下,法国最高法院于 1892 年 6 月通过判例适用了罗马法上的"转用物诉权"(action de in rem verso),自此(狭义)不当得利成为又一类"准合同"。③

法国学界就是否应在民法典中保留"准合同"的概念一直存有争议,这与如何解读其含义及类型有直接的关系。本次《债法改革法令》集中规定了这三种渊源,强调了"准合同"对不当利益变动的恢复机制。

一、关于"准合同"概念的两种理解

"准合同"的表述在罗马法中并不存在。当时债的主要渊源是侵权(非法的事实)以及按照一定要式而发生的债务(合法的事实)。后来随着合同系当事人合意之观念的确立,人们发现在合同之外存在其他可以产生与之同样效力的合法行为,罗马法学家盖尤斯(公元二世纪)在《法学阶梯》中曾描述说,某些债务的渊源并非来自于合同但是却和合同所生之债类似,债务人承担一种"准来自合同"(quasi ex contractu)的义务。"这(段话)仅是一种类比,强调两种不同渊源的债具有相似性",但被后世解读为某些债的渊源系来自于"准合同"。在查士丁尼时代(公元六世纪),"准合同"成为债的渊源。④ 1804 年《法国民法典》接受了"准合同"的概念,专门设立一章名为"准合同",规定了两种类型的"准合同":无因管理和非债清偿(第 1371 条到第 1381 条)。

---

① 中国学界通用的表述是"准契约"(如李浩培、吴传颐、孔鸣岗译《拿破仑法典(法国民法典)》,商务印书馆 2006 年版;罗结珍译《法国民法典》,北京大学出版社 2010 年版)。但是基于如下两点考虑,我们使用了"准合同"的表述:首先,1804 年《法国民法典》第1371 条以及法国学界一般使用"准合同"(quasi - contrat)的表述,而不是"契约"(convention)。第二,法国新债法改革在民法典中全面使用"合同"替换"契约"这一被认为是古旧的表述。

② 1804 年《法国民法典》第 1371 条对准合同的定义:"准合同是人完全自愿之行为,并因此产生对他人的义务,有时双方互负义务"。

③ 参见刘言浩:"法国不当得利法的历史与变革",《东方法学》2011 年第 4 期,第 133 页以下。

④ Ph. Malaurie,L Aynès,Ph. Stoffel - Munck,Cours de droit civil:Les obligations,5ᵉ éd. ,2011,Dalloz,n°1016 et s. ,p. 557 et s.

对"准合同"的理解，在《法国民法典》制定前期本有两派观点。一方以波蒂埃(Pothier)为代表，认为"准合同"是一种类似合同、虚拟合同或推定合同，无因管理类似准委托合同，非债清偿类似准借贷合同。另一种观点以庞波尼乌斯(Pomponius)为代表，认为所谓"准合同"实质是一种利益不当变动的恢复机制，其基础为"任何人不得在没有权利的情况下损害他人而使自己获利"的原则。因奉行意思主义，1804 年的《法国民法典》采纳了波蒂埃的理论，其第1371 条对"准合同"的界定①与不正当利益返还的理念毫无瓜葛。②

时至今日，这两派观点仍引发着冲突。

（一）反对使用"准合同"概念的理由

庞波尼乌斯一派的观点成为反对使用准合同概念的学者的有力武器。反对者认为，"准合同"概念它在罗马法中并不存在，其产生系一种历史的误读。在查士丁尼时代（公元六世纪），"准合同"才成为债的渊源。后在法国旧法时代得以发展，那时人们认为"准合同"是一种类似合同、虚拟合同或者推定合同，如无因管理被认为是一种推定委托。这种观点因符合意思主义（即使是虚拟的，债务也是来自于当事人的意思）而被 1804 年的《法国民法典》所采纳。③相关债务来源于"类似合同"或"虚拟合同"的假象掩盖了其本质（乃是对不当利益变动的恢复机制）。④

反对者还认为，"准合同"概念本身是不逻辑的：要么有合意、要么没合意，不会存在"准合意"；债或者来自于合同，或者来自于法律的直接规定。这个概念也没有任何价值："准合同"的制度（如能力、证据）更接近于侵权之债而非合

---

① 1804 年《法国民法典》第 1371 条规定：准合同是人完全自愿之行为，并因此产生对他人的义务以及有时双方互负义务。

② P. Remy,Des autres sources d'obligations,in Pour une réforme du régime général des obliga-tions (sous la direction de F. Terré),Dalloz,2013,p. 31 - 50,spéc. p. 34 - 36.

③ Ph. Malaurie,L Aynès,Ph. Stoffel - Munck,Cours de droit civil:Les obligations,5ᵉ éd. ,2011,Dalloz,n°1016 et s. ,p. 557 et s.

④ P. Remy,Des autres sources d'obligations,in Pour une réforme du régime général des obliga-tions (sous la direction de F. Terré),Dalloz,2013,p. 31 - 50,spéc. p. 34 - 36.

同之债,①其产生均是事实行为而非法律行为。②

反对者们认为,《法国民法典》应当抛开假象直奔主题,放弃"准合同"概念,设立独立的单元规范不当利益变动的恢复机制。

学者草案《泰雷债法草案》采信上述反对观点,设计了所谓的"其他债之渊源"单元以替代"准合同"概念,其第一章名为"从他人处获得不应得之利益"规范"非债清偿"(第一节)与"不当得利"(第二节),第二章名为"无因管理"。该草案所使用的"从他人处获得不应得之利益"这个表述最初来源于 Jean Carbonnier 教授在其教材中(Droit civil, Les biens, Les obligations, PUF)所使用的"从他人获得利益"的表述。③ 起草者指出,采用这个概念,那么准合同概念不能再作为一个在侵权与合同以外的可以包罗万象的箩筐,以前那些不具有不当利益返还功能的制度只能另寻出路。④

司法部《债法改革法令草案征求意见稿(2015)》,在章的标题上没有采用《泰雷债法草案》所大胆使用的"从他人处获得不应得之利益"的称谓,仍然沿用"准合同"概念。但其条文基本沿用了《泰雷债法草案》条文的内容。

(二)支持者保留"准合同"概念的理由

支持者认为,"类似合同"这种界定仍具有重要的现实意义。他们反驳道:反对"准合同"概念始于普拉尼奥乐,在其所处的时代(十九世纪末二十世纪初)债务自由的概念处于发展阶段,债务区分较为简单,或者是合同的,或者是法定的。而今天单纯的自由主义或国家干预经济均有所后退,越来越多的债务虽然来源于法律规定或者判例,但其制度与合同之债更为接近。⑤ 例如,立法者赋予商业租赁合同的承租人续租的权利,但有关租金的调整权利在法官

---

① H. Vizioz La Notion de quasi - contrat,étude historique et critique,Thèse pour le doctorat, Bordeaux,Y. Cadoret,1912.

② F. Terré,P. Simler,Y. Lequette,Les obligations,10ᵉ éd. ,Dalloz,2010,n°1026,p. 1029.

③ Ph. Malaurie,L Aynès,Ph. Stoffel - Munck,Cours de droit civil:Les obligations,5ᵉ éd. ,2011, Dalloz,n°1017,p. 558.

④ P. Remy,Des autres sources d'obligations,in Pour une réforme du régime général des obligations (sous la direction de F. Terré),Dalloz,2013,p. 36.

⑤ Ph. Malaurie,L Aynès,Ph. Stoffel - Munck,Cours de droit civil:Les obligations,5ᵉ éd. ,2011, Dalloz,n°1018,p. 558.

手中(1953 年 9 月 30 日指令)；法律确立的夫妻离婚后的"强制租赁合同"
(1975 年 7 月 11 日法律)；现在所谓的强制缔约以及事实行为缔结合同似乎也
与合同系当事人自愿之结果的本质相互冲突；有些志愿行为或者免费搭便车
等行为(即理论上所谓的"帮助契约")虽产生于自愿但并不以产生债务为目
的。这些情形被认为是属于"准合同"的范畴，只是通常将其放置在相关的合
同法部分予以研究和解释。① 法国判例所承认的表见理论，经过发展已经趋向
于一般化而不仅限于表见代理这种情况，②法国学理也普遍认为它相当于一种
典型的法律在当事人之间确立一种准合同关系。③

　　支持者们进而指出，这些特殊现象或新事物，似乎可以很好地由"准合同"
予以囊括，因为当初《法国民法典》在定义"准合同"时(原第 1371 条)并没有
限定其构成要件或其类型，"准合同"概念经过发展并不应限于不当利益返还
的范畴，其内涵与最初 1804 年民法典使用"准合同"所含类型的共同属性已不
可同日而语了。

　　学者草案《卡特拉草案》采信了支持者们的观点，延续了《法国民法典》的
传统，使用"准合同"作为标题。

　　(三)法国新债法的方案

　　最终，依《债法改革法令》修订后的《法国民法典》虽没有放弃"准合同"的
概念但有了较大的突破。首先，虽也使用了"准合同"的表述，但特别突出了其
对利益不当变动的恢复功能，从而缩小此概念的适用范围。④ 债的类型的区
分，应很好地体现其相互之间的功能区分。经过对准合同概念的改造，法国债

---

① A. Bénabent,Droit civil,les obligations,Montchrestien,11ᵉ éd. ,p. 296;Ph. Malaurie,L Aynès,
　　Ph. Stoffel - Munck,Cours de droit civil:Les obligations,5ᵉ éd. ,2011,Dalloz,n° 1018,p. 558;
　　J. Honorat,Rôle effectif et rôle concevable des quasi - contrats en droit actuel,RTD civ. 1969,
　　653.

② A. Danis - Fatôme,Apparence et contrat,préf. G. Viney,LGDJ,2004.

③ M. Douchy,La notion de quasi - contrat en droit positif français,préf. Alain seriaux,Economi-
　　ca,1997,n°93,p. 211 - 212.

④ 修订后的《法国民法典》第三副编("其他债之渊源")开篇(第 1300 条)即规定："准合
　　同是完全自愿之行为，由此给本无权利获取利益却获得利益之人产生义务，有时行为
　　人也对他人负有义务。""本副编所规范的准合同有，无因管理，非债清偿和不当得
　　利"。

法确立了如下分工:"合同"系向他人提供允诺的给付;"侵权责任"系补救不法行为给他人造成的损害;而所谓的"准合同"用于返还从他人处不当得来的利益。

第二,相关单元实际上仅规范了准合同的三种类型(无因管理、非债清偿和不当得利),却以"其他债之渊源"作为单元的标题;如果说"准合同"的主要价值在于允许以开放的方式容纳不同类型的债的渊源,那么相关单元使用"其他债之渊源"的标题已严重削弱了这一功能。"准合同"概念已经被虚化,以后人们更关注"其他渊源"的具体类型与制度。

其实,不论是否支持使用这一传统概念,法国各方对其积极的社会功能整体持肯定意见。其功能在社会学领域有着重要影响。例如,在社会连带主义学派①代表人物之一的布尔茹瓦(Léon Bourgeois)看来,准合同的概念比合同的概念更能建立和解释社会联系。他指出,"准合同"就是那些因某种必要性而彼此间建立起联系但先前又无法商讨协议条件的当事人"对过去进行追认的合同"。他将有关"社会连带"(solidarité)的理论建立在这个概念之上,认为,个体之间的关联不仅是通过纯粹的合意为基础,一个有机整体其内部也存在着强烈的相互依赖性,而整体本身也依靠于内部彼此间的互通。债务以及社会联系,既可以来自于合意,也可以来源于利益的交换或变动。②

二、"准合同"三种类型在《法国民法典》中的安置

准合同的三种类型在《法国民法典》中的位置具有比较法上的研究意义。

就体例方面在比较法上有两个重要的议题:是区分非债清偿与(狭义)不当得利,还是就不当获得利益设立了一般条款? 将无因管理与不当得利、非债清偿放在一起规范,还是与委托合同放在一起规范?

(一)法国新债法坚持"非债清偿"与"(狭义)不当得利"二元区分主义

1804 年《法国民法典》设立了"准合同"的专章仅规定了两种类型:无因管理和非债清偿(第 1371 条到第 1381 条)。后受学理的影响,法国最高法院在

---

①　该学说认为社会成员是互相依存的,因此必须互相帮助。F. Ewald,L'état - providence,Grasset,1986,spéc. 358 et s.

②　L Bourgeois,Solidarité,4ᵉ éd. ,Armand Colin,1904.

1892 年 6 月 15 日的 Boudier 诉 Patureau 案(又称"化肥案")判决中承认了罗马法上的"转用物诉权",开启了"准合同"在法国法上的新类型:不当得利。①

该案中,某农民租种土地后,因无力支付租金而解除了租赁合同,并放弃了土地上的农作物以偿还他对土地所有人欠下的债务。不过,该农民用于耕种这块地的化肥系从化肥商那里购得的,且一直没有付款。于是,化肥商便起诉土地所有权人,理由很简单,后者从其化肥中获得了利益,并最终获得了最高法院的支持。最高法院认为,对于"转用物诉权","我们没有任何法律条文对其进行规制,该诉权的行使不受制于任何特定的条件",只要请求之人能证明"通过其个人行为或者贡献,使得相对之人获得利益"即可。②

在罗马法上,"转用物诉权"(Action de in rem verso)是作为一种应对不能适用代理的情况的权宜之计:当事人和一个无缔约能力之人(如奴隶、家庭中的儿子)订立了合同,可以向家长主张后者因该合同而得利之价值。③ 法国学者指出,④其范围原及于间接得利,后扩展到直接得利;它后来得到普鲁士民法典第 262 I 13 条以及奥地利民法典第 1041 条的认可。十九世纪末,法国学者奥伯瑞(Aubry)和劳(Rau)编写的《法国民法教程》对其进行了系统整理。⑤ 再后来法国最高法院在 1892 年有了上述判决。

需要说明的是,1892 年的案件属于"间接转移得利",即当事人之间的利益不当变动系因第三人的原因造成的。这种利益变动的情况非常广泛。不仅如此,判决似乎只要求受益与损失之间有因果关系即可,没有其他的积极或消极要件。于是法国最高法院基于对法律安全的考虑,很快地修正了这一宽松的

---

① 参见刘言浩:"法国不当得利法的历史与变革",《东方法学》2011 年第 4 期,第 133 – 136 页。

② Req. 15 juin 1892,D. 1892,1,596;H. Capitant,F. Terré,Y. Lequette,Les grands arrêts de la jurisprudence civile,T. 2,Obligations Contrats spéciaux Sûretés,12ᵉ éd. ,2008,p. 553 et s.

③ H. Roland,L. Boyer,Locutions latines du droit français,Litec,4ᵉ éd. ,1998,p. 106.

④ P. Remy,Des autres sources d'obligations,in Pour une réforme du régime général des obligations (sous la direction de F. Terré),Dalloz,2013,p. 31 - 50,spéc. p. 34.

⑤ C. Aubry,C. Rau,Cours de droit civil français,D'après la méthode de zachariae,T. VI,1879,§ 576 et s.

认定态度,开始设置限制条件。① 法国不当得利制度体系得以完善。

经过 2016 年的债法改革,《法国民法典》集中规定了准合同的这三种类型:无因管理、非债清偿和不当得利。

法国判例与法学研究的长期积累表明:非债清偿与(狭义)不当得利相比,无论在构成上还是效果上界限均比较清晰、易于判断。非债清偿,在构成上,限于当事人本不应当向他人支付(没有法律或契约上的义务)却直接对其支付并使得该他人获利的情况,获利者得利的不正当性、得利与受损之间的因果关系均非常清楚;在效果上,返回的客体即是当事人已经支付的内容。而(狭义)不当得利则是涵盖除非债清偿以外的其他一方受损他方获益的情况;在构成要件上,得利的不正当性得具体从两个层面进行判断,一是要核查得利没有原因,二是适用“辅助性原则”;在效果上,返还受制于双重限制规则。法国新债法坚持“非债清偿”与“(狭义)不当得利”二元区分主义。

(二)将无因管理与不当得利、非债清偿并列

法国新债法将无因管理和(狭义)不当得利、非债清偿放在一起,这也是两部学者草案和司法部《债法改革法令草案征求意见稿(2015)》共同的做法。未按照一些法典常见的做法,将其与委托关系相互临近。除了兼顾历史的考虑以外,这种安排体系上比较合理、清楚。这几种准合同制度有共通之处,具有同类的目的,即将不正当地(即没有原因)利益破坏恢复到平衡状态;将同类制度放在一起,可以明确它们之间的区别与联系,有利于理顺彼此关系。例如,我们看到法国债法改革相关的几个草案中均有条文旨在明确它们之间的关系:如果不能满足无因管理的要件,当事人可以依据(狭义)不当得利提出主张(修订后的《法国民法典》第 1301 - 5;司法部《债法改革法令草案征求意见稿(2015)》第 1301 - 5 条;《卡特拉草案》第 1329 - 1 条;《泰雷债法草案》第 19 条);无因管理要求管理人主观上为本人利益计(司法部《债法改革法令草案征求意见稿(2015)》第 1301 条,《泰雷债法草案》第 14 条),否则属于(狭义)不当得利的范畴等。

---

① Req. 15 juin 1892, D. 1892, 1, 596 D. 1892, 1, 596; H. Capitant, F. Terré, Y. Lequette, Les grands arrêts de la jurisprudence civile, T. 2, Obligations Contrats spéciaux Sûretés, 12ᵉ éd. , 2008, p. 553 et s.

三、比较法上的印证

晚近以来大陆法系的立法趋势很明显,曾受法国法影响深远的意大利、荷兰、魁北克均在其民法典中放弃了"准合同"的表述,立法重点已经转向规范合同、侵权以外的其他债的渊源。由此,就体例方面在比较法上有两个重要的议题。

1. 非债清偿与（狭义）不当得利的关系

是区分非债清偿与（狭义）不当得利,还是就不当获得利益设立一般条款,比较法上有三种模式。

第一种,曾受法国模式影响深远的民法典普遍坚持二元区分主义。如意大利民法典在第四卷"债"之下并列规定了无因管理、非债清偿、不当得利（第六编到第八编）；魁北克民法典在"其他债之渊源"一章中分别规定了无因管理、非债清偿以及不当得利（第一节到第三节）；新荷兰民法典在"侵权行为和合同以外其他渊源所生之债"一章分别规定了无因管理、非债清偿、不当得利（第一节到第三节）。

第二种以瑞士债务法为代表,规定了广义不当得利（第一卷第一编第三章）,设立了不当得利的一般条款（第62条）,同时非债清偿作为一种特殊的返还情形得以保留（第63条）。

第三种是受萨维尼理论影响的德国民法典,就从他人处不当获得利益设立了一般条款,即采用广义不当得利的一般条款（第812条到第822条）,不再单独规定非债清偿。①《共同参考框架草案》与此类似,设立不当得利的一般条款（第Ⅶ-1:101条）,没有对非债清偿设立特别规定。

2. 无因管理规范的位置

与上一个议题相关联,设立（广义）不当得利一般条款的法典,通常会将无因管理与不当得利彻底分割,作为一种无授权的类似委托关系。瑞士债务法在第二卷"各类合同"之中,先规定了"委托"（第十三编）后规定了"无因管理"（第十四编）。德国民法典在第二编"债法"第八章"特别类型的债务关系"之

---

① G. Dannemann,The German Law of Unjustified Enrichment and Restitution:A Comparative Introduction,Oxford University Press,2009,p. 6 et s.

中,也是于委托之后规定了没有委托的无因管理(第十三节),远离了"不当得利"(第二十六节)和"侵权行为"(第二十七节)。《共同参考框架草案》亦然,在特别合同(第四卷)之后规定了无因管理(第五卷),在侵权之债(第六卷)之后规定了不当得利(第七卷)。

第四章

无因管理制度的小幅调整

《法国民法典》第三卷第三编（债之渊源）第三副编（其他债之渊源）

第一章　无因管理

第 1301 条　于事务之本人不知或者没有反对的情况下,本不负有义务但有意地且有益处地（utilement）管理他人事务之人,在完成管理的法律行为或者事实行为的过程中,负有一名受委托人所负担之全部债务。第 1301 – 1 条　管理人管理事务应尽合理之人的全部注意义务;管理人应当持续管理事务直到事务之本人或其继承人能够亲自管理时为止。

根据实际情况,法官可以降低管理人因其过错或者过失而应向本人承担的赔偿金额。

第 1301 – 2 条　其事务已被有益（utilement）管理之人,应当履行管理人为其利益所签订的债务。

他（应当）清偿管理人为其利益而支出费用,赔偿管理人因管理其事务而遭受的损害。

管理人预先支付的金额,自支付之日起计算利息。

第 1301 – 3 条　本人对管理予以承认的,为委托关系。

第 1301 – 4 条　管理人承担管理他人事务并具有个人利益的,不排除适用无因管理规则。

在此情况下,负担的债务以及费用按照各自在共同事务中的利益比例分担。

第 1301 – 5 条　如果管理人的行为不满足无因管理的要件,但对该事务之本人有利,该事务之本人应当根据不当得利的规则偿付管理人。

无因管理与（狭义）不当得利二者关系密切，在早期法国判例法上不承认（狭义）不当得利的时候，很多案例是利用"非常态之无因管理"的概念处理的。它们的区别主要有两点：首先在构成上，不当得利仅要求利益的不当变动，但不强调变动的来源；而无因管理暗示着管理人自愿的行为、管理他人事务的动机。第二，就效力而言，不当得利适用双重限制规则计算返还数额；而无因管理的偿付仅考虑管理人的有益且必要的费用，不考虑本人的利益多寡，甚至最终没有得到任何利益，也应承担偿付义务。

无因管理制度的功能在于鼓励社会互助，同时防止过分干涉他人事务。因此，无因管理制度的边界，体现了一个社会在帮助他人与不干预他人事务之间所放置的界限。这个界限也并非是固定的、不变的。在今天修法的十字路口，立法者有一个基本价值选择或改变的机会：扩大还是鼓励互助？

法国有学者指出，①社会互助有所发展，但个人主义是否已经退步却仍是个问号！个人领地、个人事务不受他人干涉，与博爱互助的社会价值之间并非没有冲突。鼓励利他行为，很有可能会刺激人们的鲁莽、窥探他人秘密，遗害社会；博爱互助经常成为掩盖自私主义的漂亮的面具。加之今天涉及无因管理的特别立法在法国已经有了很大发展（例如在夫妻之间、共有人之间的关系经常适用无因管理等）。总体说来，今天法国通说认为，仍应严格限定无因管理的传统适用范围，维持管理人的义务重于委托合同项下的委托人的义务的传统方案。这种立法与其说是鼓励互助不如说是限制和防止干涉他人事务范围的扩大。

修订后的《法国民法典》以及《卡特拉草案》、《泰雷债法草案》、司法部《债法改革法令草案征求意见稿(2015)》基本维持了民法典中有关无因管理的规定，主要努力方向在于表述上的现代与简洁，以明晰无因管理与其他债的渊源（尤其是不当得利、非债清偿）的关系，是在构成要件方面使之相互区别开来。

---

① Ph. Malaurie,L Aynès,Ph. Stoffel - Munck,Cours de droit civil:Les obligations,5ᵉ éd. ,2011, Dalloz,n°1022 - 1025,p. 561 - 563;M. Picard,La gestion d'affaires dans la jurisprudence contemporaine,RTD civ. 1922,5.

一、构成要件

修订后的《法国民法典》（第 1301 条）以及《卡特拉草案》（第 1328 条）、《泰雷债法草案》（第 14 条）、司法部《债法改革法令草案征求意见稿（2015）》（第 1301 条）基本延续了修订前《法国民法典》（原第 1372 条第 1 款）有关无因管理的构成要件，只是采用了较为现代的表述方式。

（一）管理人的行为能力

对于管理人行为能力问题，在理论上有些争论。权威观点是，如果管理人是无行为能力的，管理事务对其不产生效力，一般说来他不用承担管理人应负的义务；但是就本人而言，管理事务仍然会对其产生效力。① 不过此次修法没有任何草案对此予以明确规定。

（二）为他人利益计的管理意图

就此要件，有的草案使用"自发（spontanément）且以帮助之名义（à titre bénévole）"的表述（《卡特拉草案》第 1328 条）；有的草案使用"有意（sciemment）"的表述（《泰雷债法草案》第 14 条、司法部《债法改革法令草案征求意见稿（2015）》第 1301 条），在起草者看来，之所以没有采用"以帮助之名义"的表述，是为了突出强调为本人利益计的主观要件。② 修订后的《法国民法典》（第 1301 条）采纳了后一种方案。

为了突出强调管理人有为本人利益计的主观要件，修订后的《法国民法典》（第 1301 条）用"有意（sciemment）"替代原来法典中的"自愿"一词。如果管理人没有任何为本人利益计的主观目的，如将他人事务误以为自己事务进行管理，修订后的《法国民法典》（第 1301 - 5 条）明确应当适用不当得利的规则。这一规则最早出现在《卡特拉草案》（第 1329 - 1 条）中，后《泰雷债法草案》（第 19 条）、司法部《债法改革法令草案征求意见稿（2015）》（第 1301 - 5 条）均予以采纳，其主要立法目的就在于，用狭义不当得利制度涵盖所谓的"假无因管理"：主观（完全）为自己，客观为他人，适用狭义不当得利制度，也就是

---

① R. Cabrillac,Drot des obligation,10ᵉ éd. ,Dalloz,nº187 - 197,p. 162 - 166.

② P. Remy,Des autres sources d'obligations,in Pour une réforme du régime général des obligations (sous la direction de F. Terré),2003,Dalloz,p. 47 - 50.

要适用"双重限制规则"。①

　　如果管理人对事务进行管理,既是为了本人的利益,也是为了他自己的利益,在这种情况下,是否属于无因管理呢? 此前在法国成文法中没有规定,法国判例在此方面曾有过不同的态度,后来形成了一个稳定的解决方案。共同财产的共有人,在未得到其他共有人同意的情况下,为了共同的利益进行管理,法国法院认为属于无因管理。② 今天这个解决方案,已经体现在了一些针对具体情况的成文法中(如《法国民法典》第815 – 4 条第2 款有关共有财产的规定)。这种处理方法也是基于法律制度合理分工以解决实际问题的考虑。因为如果过分强调管理他人事务客观为了他人,主观也全部为了他人,排除对管理人本人也有利的情况,那只能转向不当得利规则,但是不当得利规则又因为受到严格的限制很可能不得适用(典型的例子是,公司为了其客户的利益以及公司自己的利益在其合同以外进行管理事务)。③ 为此,各方意见均认为,最为合理的方式是,在对管理人与本人均有利益的情况下,明确承认这属于无因管理;有关管理人的偿付规则也同样适用,按照在共同事务中各自利益的比例确定花费与损失的偿付金额。《卡特拉草案》第1329 条、《泰雷债法草案》第17 条,司法部《债法改革法令草案征求意见稿(2015)》第1301 – 4 条均予以认可。

　　于是,修订后的《法国民法典》第1301 – 4 条规定:管理人承担管理他人事务并具有个人利益的,不排除适用无因管理规则;管理人负担的债务以及费用按照各自在共同事务中的利益比例分担。

　　需要说明的是,无因管理与为第三人利益合同的履行有相似性。二者均是从事对他人有益的行为。在法国,一度曾有学者用无因管理来解释为第三人利益合同的履行。不过二者的区别也是非常明显的:为第三人利益合同的

---

① P. Remy,Des autres sources d'obligations,in Pour une réforme du régime général des obligations (sous la direction de F. Terré),2003,Dalloz,p. 47 - 50.

② Civ. 1re,23 juillet 1974,Bull. civ. ,I,p. 125.

③ Civ. 1re,2 juin 1970,RTD civ. 1971. 137,obs. Y. Loussouarn;J. Flour,J. - L Aubert,E. Savaux,Droit civil,Les obligations,2. Le fait juridique,12e éd. ,Sirey,n°7,p. 9.

履行，以合同存在为前提，并且债务人系"为自己利益计"，且第三人只享有权利。①

（三）对本人有利的管理行为

《卡特拉草案》（第1328条）还强调了管理事务可以是法律行为也可以是事实行为。对此，《泰雷债法草案》、司法部《债法改革法令草案征求意见稿（2015）》均没有特别强调，但在起草者看来这并非否定或者放弃这种传统的判断。② 最终修订后的《法国民法典》（第1301条）采纳了《卡特拉草案》的方案。

依据修订后的《法国民法典》，管理事务可以是法律行为也可以是事实行为，但应当是对本人有益处的（utilement）（第1301条）。

管理事务应是对本人有益的，这是无因管理的构成要件，还是衡量法律效果的因素，在法国学界有争议。因为《法国民法典》原第1375条仅在规范无因管理对本人所生债务的效力时，才提及了此项要件。不过法国现在的主流观点认为，它应当属于构成要件，毕竟只有满足该要件时，即"事务已得良好（bien）管理的"，本人才应当履行管理人以其名义所订立的合同，清偿所有管理人负担的个人债务，并且补偿管理人所有有益或必要之费用（《法国民法典》原第1375条）。

修订后的《法国民法典》（第1301条）在界定无因管理的定义（构成要件）时，特别加上了有益性的要求。而这一点在早前的司法部《债法改革法令草案征求意见稿（2015）》（第1301－2条）以及其他草案（《卡特拉草案》第1328－3条，《泰雷债法草案》第16条）中并没有在"管理"的条件中提及，而是在有关本人承担债务的条件的规定中出现的。从比较法上看，《共同参考框架草案》第Ⅴ－1：101条用"介入管理具有合理的动机"替代这个"有益"要件，而法国的各种债法草案及修订后的民法典均没有这么操作。

管理应当是有利的，或者说是恰当的。例如汽车修理人员对交给其修理

① Ph. Malaurie，L. Aynès，Ph. Stoffel - Munck，Cours de droit civil：Les obligations，5ᵉ éd. ，2011，Dalloz，n°1022 - 1025，p. 561 - 563.

② P. Remy，Des autres sources d'obligations，in Pour une réforme du régime général des obligations（sous la direction de F. Terré），2003，Dalloz，p. 47 - 50.

的汽车进行了改装,就不被认定为有益的。① 无因管理是否有益,以如同管理人处在其着手管理事务时的情形为准,②进行主观评判。它不是根据最终结果进行的事后判断,而以管理行为完成时为时间点为准。这与不当得利不同,后者以最终结果为准(即以起诉之日存留的利益为准)。经典的例子是,屋顶经邻居修缮以后,又被不期而遇的暴风雨卷走。通常而言,有益的行为是管理行为,而非处分行为:没有任何必要去颠覆他人的财产。此外,这种评判应当是根据管理人是否能善意认为其管理是有效的为标准。而不应当只有善良家父认为管理是有效的才能认定该管理是有益的。③ 不过有学者认为,有益应当是明显的。④

由于事务的本人才是判断该管理是否恰当、有利的最好的法官,因此本人的承认意味着排除了对管理事务恰当性、有益性的审查。修订后的《法国民法典》第1301 – 3 条以及《泰雷债法草案》第18 条,司法部《债法改革法令草案征求意见稿(2015)》第1301 – 3 条均规定:本人对管理予以承认的,为委托关系。这个过去被学界一致认可的规则首次出现在民法典中。不过,条文没有说明委托关系是否溯及既往,而仅是说承认产生委托关系中的法律效果。⑤ 这里的承认既可以是明示的,也可以是默示的,但需要确定的是,本人已经知悉了所有的必要信息。⑥

(四)不存在本人的合理反对

如果本人对管理人管理事务表示了反对,自后者知道该反对时起,管理行为就不再具有合理性,管理人应停止管理事务,否则,即使管理事务客观上、结果上对本人有益,也不能再依据无因管理主张权利。

---

① Com. 8 juin 1968,Bull. civ. ,I,n°50.

② Civ. 1ʳᵉ,16 nov. 1955,JCP 1956. II. 9087,note P. Esmein.

③ Ph. Malaurie,L Aynès,Ph. Stoffel - Munck,Cours de droit civil:Les obligations,5ᵉ éd. ,2011, Dalloz,n° 1030, p. 566; F. Terré, Ph. Simler et Y. Lequette, Droit civil. Les obligations , 10ᵉ éd. Dalloz,2009,n°1041,p. 1042.

④ A. Bénabent,Droit civil,les obligations,Montchrestien,11ᵉ éd. ,n°458,p. 303.

⑤ P. Remy,Des autres sources d'obligations,in Pour une réforme du régime général des obligations (sous la direction de F. Terré),2003,Dalloz,p. 47 - 50.

⑥ A. Bénabent,Droit civil,les obligations,Montchrestien,11ᵉ éd. ,n°459,p. 303.

在本人反对的情况下仍管理事务,已经违反其意愿、属于干涉其私人领域,有违无因管理制度的初衷。例如法国国营铁路公司(SNCF)为了防止海水对其所有并分块出售的土地的威胁,实施了保护工程。该公司后来要求对一块土地的购入者们按照无因管理关系偿付有关费用。但是,由于购入者们曾反对该工程,法院认为不能适用无因管理。①

不过,法国判例也承认一种例外,即本人的反对应当是合理的,如果反对是不合理的,也就是说本人本应当完成管理人在其位置上所完成的行为,那么也可以构成无因管理。例如,父亲从银行贷款购买了房屋,却又无法转让出去,虽然父亲反对,但是儿子替父亲偿还了到期的借款。法院基于道德的角度认可了这一行为属于无因管理:偿付使其避免了本不可避免的追诉,忘恩负义的人不能再从代他偿付中得到利益。② 对此,法国新债法没有特别规定。在起草者看来,也没有必要规定,法国判例已经很好地给出了本人没有正当理由反对管理事务的处理方案了。③

本人知悉了管理事实但没有给出任何指示(既未肯定,更未表示否定),是按照默示委托关系处理,还是按照无因管理关系处理呢? 在法国,这个问题的出现,是由于传统的定义有不足的地方。修订前的《法国民法典》(原第1372条)规定:"不论事务的所有人是否知道该管理",自愿管理他人事务可构成无因管理。它没有将无因管理与默示委托相互区别开来,因此给法国实务界造成了困扰。从理论上讲,默示委托的构成以默示的认可为要件,但它一不能模棱两可、二不能来自于单纯的缄默。因此,本人知道管理事务,但是保持完全的缄默应当排除默示委托关系,而适用无因管理处理有关事宜。④ 而且在法国法上,有些立法例已经按此方向将默示委托和无因管理区别开来。例如《法国民法典》第1432条与第1540条有关配偶帮助管理另一方的规定,或者第815-4条有关共同财产共有人帮助管理财产的规定。再者,从实务便利的角度考

---

① Civ. 3ᵉ,12 avr. 1972,Bull. civ. ,I,n°219.

② Civ. 1ʳᵉ,11 févr. 1986,Bull. civ. ,I,n°23.

③ J. Flour,J. - L Aubert,E. Savaux,Droit civil,Les obligations,2. Le fait juridique,12ᵉ éd. ,Sirey, n°5,p. 6;A. Bénabent,Droit civil,les obligations,11ᵉ éd. ,Montchrestien,n°458,462 - 1,p. 303, 325.

④ A. Bénabent,Droit civil,les obligations,11ᵉ éd. ,Montchrestien,n°462,p. 304.

虑,"与其强迫管理人证明本人存在默示同意,不如让无因管理制度更柔和一些。"修订后的《法国民法典》(第 1301 条)以及《卡特拉草案》(第 1328 条)、《泰雷债法草案》(第 14 条)、司法部《债法改革法令草案征求意见稿(2015)》(第 1301 条),虽在表达方式上更为现代和简明("于事务之本人不知或者没有反对的情况下"),但人们也不能从文字中找到答案。不过根据参与改革的学者的观点,不妨碍在解释上采用上述理论观点。①

二、效力

修订后的《法国民法典》基本延续了原来的效力规则。无论是依据修订前的《法国民法典》还是修订后的《法国民法典》,无因管理作为"准合同"会在当事人之间产生债务,当事人之间的关系比照委托合同之债处理,除非法律另有特别规定。而从《法国民法典》的规范看,相关的特别规定使得无因管理人的义务重于委托关系中的受委托人,这显然是为了防止过分干涉他人事务。

(一)管理人的债务

构成无因管理,管理人首先需要承担相应的管理义务。修订后的《法国民法典》(第 1301 - 1 条)将管理人的义务(即《法国民法典》原第 1372 条第 1 款、第 1373 条、第 1374 条)整合到了一个条文中,并且在表述形式上也有所改变。

按照原《法国民法典》的说法,管理人承担一种"默示义务"(原第 1372 条第 1 款),犹如管理事务的本人在向其明示委托的情况下所生的义务(原第 1372 条第 2 款)。修订后的《法国民法典》采用较为简单的表述,直接指出无因管理人应当承担起一个受委托人所应负担的债务(第 1301 条)。这是原则。

依据有关委托合同的规范,管理人(受托人)对其任何过错都应承担责任(《法国民法典》第 1992 条第 1 款②),即使轻微的过失也要承担责任。但与委托关系中的受托人义务不同,《法国民法典》要求管理人要尽到善良家父的注意义务(修订前第 1374 条第 1 款)或者说应当尽到一个理性人(une personne

---

① P. Remy,Des autres sources d'obligations,in Pour une réforme du régime général des obliga-tions (sous la direction de F. Terré),2003,Dalloz,p. 47 - 50.

② 《法国民法典》第 1992 条第 1 款:受托人不仅对其欺诈行为承担责任,而且对其在管理中的过错也应当承担责任。

raisonnable）的注意义务（修订后第 1301 - 1 条第 1 款）。按照修法理由书的说明，修订后民法典中所说的"理性人"与以前的"善良家父"并没有差别，它不过是旧条文（原第 1374 条）的继承和"现代化的表达"而已。这一注意义务要求，法官应当参照一个普通的勤勉之人的标准对管理人是否具有过错进行评判，即采用"抽象过错"之标准。而对于委托关系，依法国学界对相关条文①的解释，无偿委托中的受托人是否具有过错应当采用"具体过错"之标准，即人们不能要求无偿受托人以超过对待其自身事务的注意程度而完成委托事项。② 这一规则表明管理人的管理义务重于无偿委托关系下受托人的义务，以防止过分干涉他人事务。

当然，考虑到无因管理本是无偿的，为了鼓励社会上的互助行为，修订后的《法国民法典》（第 1301 - 1 条第 2 款）一方面仍然沿用原民法典（原第 1374 条第 2 款）授权法官减轻管理人责任的方向：法官有权降低管理人因其过错导致债务不履行而应向本人承担的赔偿金额；另一方面，强调法官判决减轻责任时应"根据实际情况"全面进行考察和判断，改变了旧法要求法官仅考虑导致管理人去管理事务的那些情况。当然，这个降低偿付金额的效果仍需要满足如下要件，在对事务着手管理的时候，管理事务是对本人有益的：就一件对他人没有意义的事务着手管理，且管理不当的，不能主张减少损害赔偿。③ 此外，依据法国判例，管理人也不需要对意外事件承担责任。④

管理人的管理义务要一直持续到本人"能够亲自"进行管理（《法国民法典》原第 1372 条第 1 款，新第 1301 - 1 条第 1 款）。例如，商场里的顾客捡到了其他顾客的包并将其交给商场里的一名工作人员以便找回失主，但是该工作人员并没找到失主，于是捡到包的顾客以自己负责返还为由将包带走。法国

---

① 《法国民法典》第 1992 条第 2 款：但是，在判定由过错引起的责任时，无偿委托的受托人的责任轻于收取报酬的受托人的责任。

② J. Flour,J. - L Aubert,E. Savaux,Droit civil,Les obligations,2. Le fait juridique,12ᵉ éd. ,Sirey, n°14,p. 16.

③ P. Remy,Des autres sources d'obligations,in Pour une réforme du régime général des obligations (sous la direction de F. Terré),2003,Dalloz,p. 47 - 50.

④ Civ. 1ʳᵉ,3 janv. 1985,RTD civ. 1985. 547,obs. J. Mestre.

法院认为,商场及其工作人员负有义务持续进行管理,将包放到安全的地方。①
同样地,如果管理事务的本人死亡,管理人需要一直持续管理事务,直到其继
承人能够亲自管理事务时为止(《法国民法典》原第 1373 条,新第 1301 - 1 条
第 1 款)。显然立法者希望管理人对他人进行帮助能善始善终。通过与有关
受托人义务的规定进行比较,②这一无因管理的特别规则又一次表明,管理人
的管理义务重于无偿委托关系下受托人的义务,立法目的在于防止过分干涉
他人事务。

(二)本人的债务

如果构成无因管理,本人也需要承担相应的债务。

修订后的《法国民法典》第 1301 - 2 条共三款,其中前两款延续了原第
1375 条的规定,在表述上略有改变。本人应当偿还管理人为管理事务而支出
的必要和有益的费用,清偿管理人承担的债务,履行管理人以其名义所订立的
合同。该条再次要求管理应是对本人有益的这一要件,在效果上它是本人对
与管理人订立合同的第三人承担债务的条件,也是本人对管理人承担债务的
条件。③

首先,本人负责履行管理人以其名义所订立的合同。因此如果管理事务
中,管理人以本人名义订立合同,合同将由本人履行,管理人为其代理人。例
如,母亲以儿子的名义向保险公司购买保险,其儿子在支付了一部分保险费用
以后,拒绝继续支付,保险公司不能要求该母亲支付剩余保险费用。④

再者,本人应当偿还管理人为管理事务而支出的必要和有益的费用。这
个费用不受管理所带来的增值之限制,除非该费用过分奢侈昂贵。本人的偿

---

① Civ. 1ʳᵉ 3 janv. 1985,RTD civ. 1985. 547,obs. J. Mestre.

② 《法国民法典》第 1991 条第 2 款规定,"在委托人死亡时已经着手的事务,如果延迟会
引发危害,受托人应当继续进行"。言外之意,除非延迟会引发危害,否则受托人在委
托人死亡时,委托事项终止。《法国民法典》第 2007 条规定:"受托人可以向委托人发
出通知的方式放弃其所接受之委托。""但是放弃受托对委托人造成损害的,受托人应
向其给予赔偿;除非受托人非遭受巨大损失而不能继续委托事项。"

③ P. Remy,Des autres sources d'obligations,in Pour une réforme du régime général des obliga-
tions (sous la direction de F. Terré),2003,Dalloz,p. 47 - 50.

④ Civ. 1ʳᵉ 14 janv. 1959,D. 1959. 106.

还义务还包括,管理人因管理事务而受到的损失、预先垫付资金的利息。①

第三,本人有义务清偿管理人承担的所有债务。如果管理人为了完成管理事务与第三人订立合同,但没有告知第三人合同的订立是为了本人的利益,这种情况下,管理人系合同当事人。但是,管理人因无因管理有义务履行该合同项下的债务。因此,在管理人没有偿还能力的情况下,第三人可以直接要求受益的被管理人履行债务。②

最后,本人负有义务赔偿管理人因管理其事务而遭受的损害。

值得说明的是,修订后的《法国民法典》(第1301 - 2条第3款)还根据实际的做法和《泰雷债法草案》(第16条)的设计增加了以前民法典中没有的新规定:管理人预先垫付的金额,自支付之日起计算利息。这个实际的做法,来自于法国法院对有关委托关系中受托人对其垫付资金享有利息权利的规定(《法国民法典》第2001条)的准用。③

和委托关系不同,无因管理不允许管理人主张报酬。即使管理人是提供了职业上的帮助,也不能主张报酬。④ 管理人只能获得一般费用的偿还。例如家谱研究人员证明了本人的继承权,但是只能获得其有关费用的偿付,而不能获得继承的份额。⑤

---

① R. Cabrillac,Drot des obligation,10° éd. ,Dalloz,n°187 - 197,p. 162 - 166.
② A. Bénabent,Droit civil,les obligations,Montchrestien,11° éd. ,n°466,p. 306.
③ P. Remy,Des autres sources d'obligations,in Pour une réforme du régime général des obligations (sous la direction de F. Terré),2003,Dalloz,p. 47 - 50.
④ Com. 15 déc. 1992,RTD civ. 1993. 579,obs. J. Mestre.
⑤ Civ. 1ʳᵉ,27 févr. 1963,Bull. civ. ,I,n°131.

第五章

非债清偿制度的完善

《法国民法典》第三卷第三编（债之渊源）第三副编（其他债之渊源）

第二章　非债清偿

第 1302 条　清偿须以债务为前提；所收为本不应清偿者，应予返还（restitution）。

自愿清偿自然之债的，不得主张返还（restitution）。

第 1302 - 1 条　由于错误或者有意地（sciemment）接收本不应当向其清偿的，应当向清偿之人返还之。

第 1302 - 2 条　如果因为错误或者被强迫而清偿他人债务的，可诉请债权人返还，除非该债权人在清偿以后销毁了其凭证或者放弃了债权担保。

在错误支付他人债务的情况下，清偿人也可向真正的债务人主张返还。

第 1302 - 3 条　返还（restitution）适用第 1352 条到第 1352 - 9 条的规则。

过错导致清偿的，可减少返还（数额）。

非债清偿(Paiement de l'indu),按照法文字面意思的翻译,是指清偿了本不应给付的(事物),也可被译为"非债支付"、"支付不应付款项"等。就其所引起的法律效果,从清偿人的相对人(即受领人)的角度看,也被称为"非债返还"或"非债返还之诉"(action en répétition de l'indu)。从返还的基础看,清偿系本不应给付的、系没有原因的,也被翻译为"不当清偿"或"不当支付"。① 尤其有法国学者将其与"不当得利"统一在一个概念(如《泰雷债法草案》所谓"从他人处获得不应得之利益")之下的时候,这种译法更为妥帖。②

现实生活中,非债清偿的发生原因千差万别,法国传统理论将其类型化:非债清偿被区分为绝对型(或曰"客观型")与相对型(又曰"主观型"),后者又包括两种情形"不完全相对型"与"完全相对型"。区分这三种类型的主要法律意义在于,判断非债清偿返还构成的主观条件是否要求清偿人具有错误认识。

1. 绝对非债清偿

"绝对非债清偿"(Le paimenent de l'indu absolu/objectif)也被称为"客观非债清偿",是指清偿之"非债"或曰"无因"(即债务不存在的事实)是客观的、绝对的。清偿人没有债务,受领人也无债权。例如,保险人就保单未囊括之承保事项向被保险人支付了超额的赔偿金,或社会保险机构超额发放保险金等。

2. 相对非债清偿

"相对非债清偿"(Le paimenent de l'indu relatif/subjectif rélatif)也被称为"主观非债清偿",是指的确存在债的关系,但或者接收者不是债权人,或者清偿人不是债务人。

前一种情况即"不完全相对非债清偿",清偿人向其债权人以外的人履行了自己的债务,但因为搞错了债权人,清偿并不能使债务人摆脱债务,真正的

① 例如罗结珍译《法国民法典》(北京大学出版社 2010 年版)第 1379 条,即将"非债"(indûment)翻译成"不当"。
② "非债清偿"为我国学界通用之术语,法文术语为"payment de l'indu",亦可翻译成"不当支付"、"非债支付"等。如果抛开对传统法学术语的坚守,其实我们更倾向于使用"非债支付"的表述。在中文中,"清偿"更强调结果,而"支付"更侧重行为;"非债清偿"系以不存在债务为前提,强调的是在没有责务的情况下价值发生了转移的给付,使用"支付"更为妥帖。

债权人仍有权要求其履行债务。例如，债务人错误地认为某人是其债权人的继承人而向后者支付了债务；快递员搞错了收货人等。

后一种情况"完全相对非债清偿"即是错误清偿他人债务的情形：清偿人并不是某一债权债务关系的当事人，却错误地向该关系中的真实债权人清偿了债务。其在构成要件的主观方面极为特殊。

一、非债清偿返还的构成要件

（一）非债清偿返还共同构成要件

就构成要件而言，三种类型的非债清偿返还在客观方面均须满足"清偿"系没有法律上的原因、相对人受领这些条件。

1. "非债"：没有法律上的原因

"非债"可以理解为"不是履行当事人之间的债务"，或者更准确地说，是指当事人之间的清偿没有法律上的原因（cause）。详言之，当事人之间不存一般的民事债务、不存自然之债且不存在赠与意图（修订后的《法国民法典》第1302条）。

不存在一般的民事债务，有多种可能。首先，最为基本的情况是，双方当事人之间可能从来没有发生过债务。再者，也有可能是，以前发生过债权债务关系但因履行等已经消灭掉。此外，双方当事人之间可能的确存在债权债务关系，但是因为进入到破产程序，普通债权人之间的债权平等性不允许债权人实现其全部债务。在此程序与情形下，按照法国现代判例的方向，[1]有违平等性的清偿会被认定为非债清偿，受领的债权人应当返还。也就是说，尽管普通债权人的债权是存在的，但破产程序的开启破坏了普通债权人获得清偿的权利。[2] 不过，债务人在债务到期前向债权人所为的"期前清偿"，不被认为是非债清偿（《法国民法典》原第1186条、新第1305-2条）。[3]

受领人虽然没有积极主张清偿人清偿的权利，但如果有权保有该人所清

---

① Com 11. févr. 2004,D. 2004. 701,note F. Millet;Com 17 nov. 1992,D. 1993. 341,note Sortais.

② J. Flour,J. - L Aubert,E Savaux,Droit civil,Les obligations,2. Le fait juridique,12ᵉ éd. ,Sirey,note 3,n°21,p. 21.

③ F. Terré,P. Simler,Y. Lequette,Droit civil,Les obligations,10ᵉ éd. ,Dalloz,2010,n°1052,p. 1048.

偿的内容,也不构成非债清偿。例如,自然之债,虽然债权人不能行使支付诉权、强制他人履行,但是法律认可清偿具有法律上的原因,不构成非债清偿。类似地,基于赠与之目的而进行清偿的,受益人虽不曾请求之,但却有保有的权利,清偿被认为是合理的、正当的,这种正当性来源于家庭或社会的正常友善关系。①

2. 清偿

这里的"清偿"或曰"支付",不仅仅是指支付金钱,还可以是指任何债务的履行,也不论其客体如何,交付货物等债务履行均可,重点在于"价值发生了位移"。② 服务给付也被认为可以适用非债清偿返还。

通常非债清偿的标的物是金钱或者动产、不动产,那么"服务给付"(或曰"劳务给付")可否适用非债清偿返还规则呢? 例如五星酒店的工作人员将早餐(一个煮鸡蛋)送错了房间并被住店房客消费掉了。显然单纯一个鸡蛋没有多少钱,但是客房服务的鸡蛋的价钱通常可以在菜市场买只鸡,因为里面包含着服务的费用。

单纯解读修订前《法国民法典》有关非债清偿的规则(原第 1378 条到原第 1381 条),尤其是返还计算规则,针对的是金钱或者有体物。但在理论上,法国学界普遍认为,清偿的内容不限于上述两种情况。服务给付的特殊性在于其客体,服务本身就是无形的,而且提供和享受服务的过程正是其消失的过程,这是返还困难的来源,但是这并不能成为不适用非债清偿规则的理由,因为毕竟可以返还价值。③

在理论上讲,若适用无因管理规定处理非债服务给付纠纷,不符合其要求管理人具有为他人利益计的要件,在返还计算上,按照无因管理规则仅返还管理人的花费显然并非公平。若适用(狭义)不当得利规则,虽也符合其构成要

① A. Bénabent,Droit civil,les obligations,11ᵉ éd. ,Montchrestien,n°472,p. 310.

② F. Terré,P. Simler,Y. Lequette,Droit civil,Les obligations,10ᵉ éd. ,Dalloz,2010,n°1051,p. 1048.

③ E. Von Caemmerer,Problèmes fondamentaux de l'enrichissement sans cause,in RIDC,vol. 18 n°3,1966,p. 573 - 592;A. Bénabent,Droit civil,les obligations,11ᵉ éd. ,Montchrestien,n° 469,p. 308;Ph. Malaurie,L. Aynès,Ph. Stoffel - Munck,Cours de droit civil:Les obligations,5ᵉ éd. ,2011,Dalloz,n°1042,p. 570;F. Terré,Ph. Simler et Y. Lequette,Droit civil. Les obligations. 10ᵉ e éd. Dalloz,2009,n°1051,p. 1048.

件,但当与非债清偿比较,与后者更为接近(因为"服务给付"也是由清偿人"直接"向受领人转移价值的);就返还的计算,不当得利要求适用"双重限制"规则,而"非债服务给付"适用这种规则似乎没有什么正当理由,不仅如此,在不同性质的给付相互返还的情况下,还可能导致不公平的结果:例如双务合同无效的情况下,一方当事人服务提供者应返还全额价款,另一方当事人接收服务者却按照不当得利适用所谓的"双重限制"返还计算规则,有违公平。因此,《泰雷债法草案》第9条明确规定:服务给付的不当受领者,应向给付之人返还(相应的)价值。间接受益者,应当依据不当得利之规定返还。在起草者看来,这种立法方案按照利益转移是否来自直接清偿而将非债清偿与不当得利相互区别开来,旨在明确两个阵营之间的界限,也有利于解决双务合同溯及既往以后返还的基础一致性与公平性。[1]

修订后的《法国民法典》在"债之通则"的"返还"部分(第1352–8条)规定:服务给付按照价值予以返还。以提供服务之日为准对其价值进行评估。虽没有直接引入《泰雷债法草案》的第9条,但在解释上不妨碍采取与之一致的方式,因为这符合法国长期以来的法学界认可非债清偿客体具有广泛性的传统。

3. 相对人的受领

非债清偿返还是否以相对人对清偿的"接受"(accepter)为条件呢？原来《法国民法典》并没有这一要件。原第1376条在表述非债清偿相对人的返还义务时使用了"接收"的表述。不过,法国学者在解释时,认为应当以相对人"接受"清偿为条件。[2] 其主要依据在于《法国民法典》原第1371条(该条表述经适当修订后成为新《法国民法典》第1300条)有关准合同的定义:"准合同是人完全自愿之行为,并因此产生对他人的义务……",因此不仅应有相对人客观的接收行为(recevoir),还应当要求其对标的有"接受"(accepter)之主观。因此,如果相对人拒绝"接受"他人向其交付的非债清偿之物,该相对人不承担返还义务,不过在此情况下,不排除相对人可因自身的

---

[1]　P. Remy,Des autres sources d'obligations,in Pour une réforme du régime général des obligations (sous la direction de F. Terré),2003,Dalloz,p. 44.

[2]　A. Bénabent,Droit civil,les obligations,Montchrestien,11ᵉ éd. ,n°470,p. 329.

过错而承担侵权责任(例如,甲误认为乙是债权人而向其交付支票,乙将收到的支票扔掉,丙拾得后前往银行成功兑付。依据法国民法,甲可向相对人乙主张侵权责任)。①

这种解释也可以沿用到 2016 年修订后的《法国民法典》中。新第 1300 条在界定准合同时,也强调准合同是"完全自愿之行为"。值得注意的是,修订后的《法国民法典》在界定非债清偿时,全面使用了"接收"一词。新第 1302 - 1 条与第 1302 条沿用原第 1376 条中的"接收"(reçevoir)一词。

4. 证明

非债清偿案件,遵循一般证明规则,由原告(清偿人)负责证明构成要件之满足。

非债清偿返还请求权人需要就清偿"没有法律上的原因"承担举证责任。主张者需要就不存在债务进行举证,似乎与我们传统的观念不符合,一个人怎么可以就不存在的事实进行证明呢? 在法国法律工作者看来,这有三点原因。首先,法律认定,客观进行的支付,一般说来,有原因的属于常态,无原因的属于例外、当事人应予证明。第二,尽管证明有原因比证明不存在债务关系看上去要容易得多,但是,一方面,让债权人承担举证责任、证明债权曾经存在过,与债务经过履行、债权消灭的基本理念相互冲突。另一方面,既然债权都消灭了,债权人很可能不再保有相关证据;另外很多情况下,合同(尤其口头合同)即时履行完毕,再要求债权人证明曾经存在过债权,也非常困难,并会导致人们怀疑口头合同的安全性,不利于建立交易中的信赖关系,不符合实际通常之情况。第三,证明债权债务关系不存在并非不可能。错误地认为自己应当向对方履行某种债务的清偿人,在支付的时候,通常会告知对方自己在履行某项债务。因此当其发现支付不当时,只需要证明不存在这和关系,即可。如企业向已经死亡的职工错误地发放了当月劳动报酬,只需要证明该职工已经死亡,当月不存在劳动关系即可。

(二)三种类型非债清偿返还的特殊构成要件

如前所述,法国传统理论已将非债清偿类型化:客观型,不完全相对型,完

---

① A. Bénabent,Droit civil,les obligations,Montchrestien,11ᵉ éd. ,nᵒ470,p. 329.

全相对型。类型化的主要意义体现在清偿者的错误认识是否是非债清偿返还的构成要件。

1.绝对非债清偿:不要求清偿人有错误认识

如前所述,绝对非债清偿是指,清偿时债务不存在的事实是客观的、绝对的:清偿人没有债务,受领人也无债权。

(1)清偿人的错误认识不是绝对非债清偿的构成要件

法国判例与学界长期关注如下问题:除了当事人之间没有债务关系存在的客观要件,是否还应要求清偿人的给付系出于错误认识呢? 诚然,如果不是基于错误认识,谁会平白无故地向他人为给付呢? 但是考虑到证明责任,问题就有所变化了。

在很长一段时间以内,法国法院曾要求清偿人证明其清偿系出于错误认识。这种判断主要是依据常理、基于当时的社会状况而进行的如下推论:不存在债务仍然进行清偿,无非两种情况。一是,"明知"本不存在债务关系而仍然进行清偿,最为合理和常见的解释是清偿人具有赠与之意图,在这种情况下,"明知"排除适用非债清偿。相反地,第二种情况是,"不知道"清偿是没有原因的,对清偿发生了"错误"的认识,清偿人应当可以请求返还。当时法院认为,第一种情况,即基于赠与而故意进行非债清偿,属于社会常态,应推定为默认状态,因此清偿人需要提供证据证明第二种情况方可主张非债清偿返还。① 简言之,清偿人既然主张返还,应当证明自己是因为错误认识才做了错事。

但是,法国法院这种传统的做法受到了来自现实的挑战。

首先,如何去证明这种主观错误认识确是一件难事。试想下,企业向一个职工支付了本不应该支付的劳动报酬;银行支付了本不该支付的利息;社保基金支付了本不该支付的社保金,该如何证明主观过错呢?②

第二,随着社会的发展,前述第二种情况似乎反转成了"常态"。在法国,授权商家直接从预留银行账户直接划账完成费用支付或货款支付的现象,已

---

① F. Terré,P. Simler,Y. Lequette,Droit civil,Les obligations,10ᵉ éd. ,Dalloz,2010,n°1053,p. 1049.

② Ph. Malaurie,L Aynès,Ph. Stoffel - Munck,Cours de droit civil:Les obligations,5ᵉ éd. ,2011, Dalloz,n°1043,p. 571.

经非常普遍。同时,金融机构以及社会保险机构等每天处理大量的支付工作。此外,面临还贷期限、维系信用度等压力,往往促使人们仓促地进行支付。因此,社会中出现了大量的争议案件。① 而第一种情况中,基于赠与而支付他人的现象则成为"非常态"。不仅如此,上述二者择其一的做法也不周全。那种推定明知债务不存在仍然进行清偿系出于赠与目的的做法,是不现实的。② 例如,在明知不存在债务的情况下仍然进行支付,很有可能并"不具有赠与意图",仅仅是一种缓兵之计,其目的可能是,在信息处理部门长期罢工的情况下,为了避免雇员正常待遇受到波及。③ 又例如,还有一种可能,支付者主观上对债务是否存在并不确定,但仍坚持进行支付,目的在于避免诉讼或信用度降低。

面对上述传统的做法和新的挑战,法国法院曾一度左右摇摆过,各庭意见不一致。不过,1993 年法国最高法院各庭联席会议就一起涉及绝对非债清偿的案件,④确立了一致的裁判方向:支付人不需要提供证据证明其清偿是否因错误认识。因此,错误认识不再是绝对非债清偿的构成要件。⑤ 换言之,"只要明显地没有任何迹象能解释支付的原因",单凭"清偿没有法律原因"这一事实,就可以推定支付人发生了错误的认识,他不需要对此进行证明。⑥ 这种做法不仅免去证明主观状态的麻烦,而且,也符合利益平衡与公平的理念,因为债务不存在意味着,接收人是在毫无任何债权的情况下得到了一笔财富,不值得给予其法律政策上的倾斜。⑦

① I. Defrénois - Souleau,La répétition de l'indu objectif. Pour une application sans erreur de l'article 1376 du Code civil,RTD 1989,p. 243.

② F. Terré,P. Simler,Y. Lequette,Droit civil,Les obligations,10e éd. ,Dalloz,2010,n°1054,p. 1050.

③ Civ. 1re,17 Juill. 1984,D. 1985. 298,note Chauvel.

④ Ass. Plén. ,2 avril 1993,D. 1993. 373,concl. Jéol.

⑤ F. Terré,P. Simler,Y. Lequette,Droit civil,Les obligations,10e éd. ,Dalloz,2010,n°1054,p. 1050.

⑥ Ph. Malaurie,L. Aynès,Ph. Stoffel - Munck,Cours de droit civil:Les obligations,5e éd. ,2011,Dalloz,n°1043,p. 571.

⑦ A. Bénabent,Droit civil,les obligations,Montchrestien,11e éd. ,n°473,p. 311.

我们注意到,1993 年的判例在新债法起草中起到了重要作用。① 修订后的《法国民法典》坚持遵循原《法国民法典》的体例,将绝对非债清偿、不完全相对非债清偿规定在一个条文(原第 1376 条、新第 1302 - 2 条),体现出这二者均不要求清偿者具有错误认识;将完全相对非债清偿规定在另一个条文中(原第 1377 条、新第 1302 - 2 条)。

（2）清偿人对非债清偿具有过错可影响返还范围

需要说明的是,清偿人的错误认识虽然不是绝对非债清偿返还的构成要件,但是接收人如能证明清偿人具有过错会对返还范围产生影响。也就是说,清偿人如果对其错误认识(即对支付没有原因不知晓)具有过错,那么"需要对其所造成的损失承担责任;返还金额应当减除损失金额"。② 修订后的《法国民法典》(第 1302 - 3 条第 2 款)对这个效力表示了认同,但是其给出的方案不再间接利用损害赔偿的概念达到此效果,而是直接规定,过错导致返还减少。

（3）证明责任的分担

就证明问题,法国法院现在做法如下。对于绝对非债清偿,原告(清偿人)只需要证明"不存在债务关系"即可,不需要证明错误认识或损害的存在。如果接收人认为,原告存在赠与意图,则需要提供证据予以证明。因此,对原告而言,较为关键的是证明"不存在债务关系"。例如,在一起涉及保险金的案件中,被保险人在一起交通事故中死亡,其妻子从保险公司处获得了保险金。但事后,保险公司怀疑被保险人曾陷入经济困境,事故可能系其自杀行为,不属于保险条款所涵盖的事故风险,于是提起非债清偿返还之诉。尚贝里地方上诉法院认为,根据保险合同,应当由被保险人的妻子负责证明"风险的实现",而她没有能提供相应证据,因此,支持了保险公司的主张。但是法国最高法院

---

① 例如,《泰雷债法草案》在起草理由说明中特别提及了 1993 年的该案件,对最高法院的意见表达了赞同的意思。并以此为重要因素,坚持将绝对非债清偿、不完全相对非债清偿规定在一个条文(《泰雷债法草案》第 2 条),将完全相对非债清偿规定在另一个条文中(《泰雷债法草案》第 4 条)。P. Remy,Des autres sources d'obligations,in Pour une réforme du régime général des obligations (sous la direction de F. Terré),2003,Dalloz, p. 34.

② Civ. 1ʳᵉ,5 juillet 1989,RTD civ. 1990. 282,obs. J. Mestre.

认为,保险公司主张非债清偿,应当由其证明被保险人的死亡非因意外事故。①
对此,有学者总结道:如果已经支付了保险金,那么举证责任由保险公司承担;
如果没有支付保险金,举证责任由保险金请求人来承担。②

2. 不完全相对非债清偿(错误清偿自己的债务)

"不完全相对非债清偿",即债务人向其债权人以外的人履行了自己的债
务,该债务仍然存在并没有消灭,真正的债权人仍有权要求其履行债务。由于
接收人并没有债权,因此它和绝对非债清偿非常接近,法律不需要向接收人进
行倾斜。清偿人只要证明接收人并非债权人(他们之间不存在债权债务关
系),就可以要求其返还非债清偿,不需要证明自己对支付有错误认识,也不用
考虑接收人是善意还是恶意(新第 1302 - 1 条)。清偿人的过错也是减少接收
人返还数额的要素,但并不会彻底否定返还的权利(新第 1302 - 3 条第 2 款)。

3. 完全相对非债清偿(错误清偿他人的债务)

"完全相对非债清偿",即清偿人并不是债务人却错误地清偿了他人债务
的情形(新第 1302 - 2 条)。换言之,真实的债权人从债务人以外的人处得到
了债务的支付。与其他类型非债清偿相比,其在构成要件的主观方面极为
特殊。

(1)主观积极要件:清偿人的错误认识

此种类型非债清偿要求清偿人证明自己在支付时具有错误认识,即认为
是在履行自己的债务。因此类型中的接收人真实地拥有债权,应当得到特殊
的保护,其所受领的清偿原则上认定为有效;清偿人如主张返还,则需要证明
其清偿是出于错误认识,而不存在其他正当的事由。这就避免让债权人去证
明清偿人与真正债务人之间存在赠与、委托、无因管理等关系的事实。

这里,错误认识的对象应当是"清偿原因的存在":将别人的债务误以为是
自己的债务。③ 具体而言,既可以是对事实的错误认识(法定继承人不知存在
剥夺其继承权的遗嘱而支付被继承人的债务),也可以是对法律的错误认识
(父母误认为对其成年子女的侵权行为须承担损害赔偿责任)。如果不知道法

---

① Civ. 1ʳᵉ,13 mai 1986,Bull. civ. ,I,n°920,p. 121.

② A. Bénabent,Droit civil,les obligations,Montchrestien,11ᵉ éd. ,n°478,p. 316.

③ J. Ghestin,L'erreur du solvens,condition dela répétition de l'indu,D. 1972,chron. 277.

律规定不须清偿而清偿的,也可以构成错误认识。这里"任何人不得以不知法而推脱"的规则不适用。①

按照法国判例,清偿人被胁迫清偿他人债务的,也按照错误认识处理,这是因为其清偿不能被解释为出自自愿。例如,卖家已经收到买家的汇票承兑,并委托承运人运送货物,但承运人以买家未完成付款为由拒绝交付货物,买家不得不二次付款。② 判例所采纳的扩张解释,在债法修订过程中得到各方意见的认可。《卡特拉草案》(第1332条)、《泰雷债法草案》(第4条)、司法部《债法改革法令草案征求意见稿(2015)》(第1302-2条),根据判例,将胁迫与错误认识并列,允许支付人主张返还。这一方案也体现在了最终修订后的《法国民法典》(新第1302-2条第1款)。

需要说明的是,非债清偿会给接收人带来损害,尤其是在完全非债清偿的情形下(真正的债权人承担返还义务),因此,法国判例认为有过错的清偿人应当对返还人承担损害赔偿责任。③ 修订后的《法国民法典》(第1302-3条第2款)针对所有类型的非债清偿统一规定,非债清偿若系清偿人的过错导致的,接收人可以减少返还金额。《泰雷债法草案》(第4条第1款)、司法部《债法改革法令草案征求意见稿(2015)》(第1302-3条第2款)也有类似规定。

(2)客观消极要件:受领人尚未销毁权利凭证

《法国民法典》原1377条第2款规定了一个消极条件:接收人权利凭证已经被销毁的,在此情形下,清偿人不得主张返还。因为此时,他已经失去向真正债务人主张权利的凭证。在实务中,放弃担保的也被等同为接收人销毁权利凭证。④ 修订后的民法典(第1302-2条第1款)对此均予以接受。

就证明而言,似乎只要债权人确认已经销毁了凭证即可,不需要提供实质

---

① Ass. Plén. ,2 avril 1993,A. Bénabent,Droit civil,les obligations,11ᵉ éd. ,Montchrestien,n°476, p. 314.

② Com. 16 juin 1981,Bull. civ. IV,n°279,p. 221.

③ Com. ,15 oct. 1996,D. 1996,IR,243.

④ Civ. 1ʳᵉ,5 déc. 1995,Bull. civ. ,I,n°448,Defrénois,1990,art. 34837,n°100,obs. J. L Aubert.

的证明。① 在这种情况下,按照以往判例,清偿人只能通过证明系因错误支付而转向真正的债务人主张返还,基础是不当得利。② 修订后的《法国民法典》承认了以往判例的做法,不过其请求权基础不再需要寻求不当得利,新条文赋予了清偿人一项向真正债务人主张返还的直接诉权(新第 1302 - 2 条第 2 款)。

二、非债清偿返还的效力

(一)非债清偿与合同溯及既往消灭后法律效果的关系

从逻辑的角度看,在合同因无效或者解除而溯及既往消灭的情况下,原依据合同进行的履行已经不再具有原因,由此导致的返还关系应当属于非债清偿返还之债(更为确切点说,是绝对非债清偿之债)。对此,虽然《法国民法典》并没有明确规定,但得到很多学者的认可;法国判例也曾长期支持这种观点。③

不过近来法国判例更倾向于排除这种逻辑关系,④而将其认定为一种合同法领域内特有的返还关系,属于合同无效或者解除等制度的"效力规则"部分。只是这种效力规则,在法国是判例在合同领域所自创的,而非来自于成文法的规则。⑤

支持这种做法的理由大体有如下三点。首先,就构成要件而言,长期以来绝对非债清偿要求支付人有"错误的认识",而在合同溯及既往消灭的情况下,作为合同无效或解除的法律效果,返还并不要求这一构成要件。第二,就效力而言,非债清偿在当事人之间产生债的关系,具有相对性,不涉及第三人;而在合同溯及既往消灭的情况下,合同的无效或解除可导致物权转移效力消灭,可

---

① Civ. 1ʳᵉ,22 juin 1994,Bull. civ. ,I,n°221.

② Civ. 1ʳᵉ,10 oct. 1998,D. 1999,som. 116,obs. L Aynès;Com ,23 avril 1976,D. 1977. 563,note Vermelle.

③ R. Cabrillac,Drot des obligation,10ᵉ éd. ,Dalloz,n°198,p. 166;J. Flour,J. - L Aubert,E. Savaux,Droit civil,Les obligations,2. Le fait juridique,12ᵉ éd. ,Sirey,n°23 p. 24.

④ 重要的判例是 2002 年 9 月 24 日法国最高法院民事一庭之一项裁判(Civ. 1re,24 sept. 2002,D. 2003. 369,note J. - L Aubert)。

⑤ E. Poisson - Drocourt,Les restitutions entre les parties conséecutives à l'annulation d'un contrat,D. 1983,chron. 85.

以直接依据物上请求权，向第三人主张物之返还：以买卖合同为例，买受人因合同消灭而不再享有对标的物的所有权，也自然无权转让标的物，因此与其交易的后手应当返还标的物。① 第三，认定该种返还具有合同关系的性质，还可以维持当事人原就合同履行所约定的担保的效力。② 显然这种倾向或方案是基于实务上的考虑。③

法国债法改革的一项任务是确定此种返还关系的性质。

《泰雷债法草案》（第 3 条）、《泰雷合同法草案》（第 88 条、第 116 条）坚持传统的判例做法。在起草者看来，这种做法不仅符合非债清偿的概念，也是符合逻辑的，并不妨碍实务的操作，且有利于债法体系的精简与和谐。首先，就前述的构成要件而言，现在法国法院就绝对非债清偿已不再要求清偿人证明其有"错误的认识"。在此方面，已经不存在差异。第二，就效力而言，实际上，在法国法上，合同具有物权转让的效力，有效合同是物权转移的核心要素，如果合同效力溯及既往灭失，则物权转让效力当然消灭：返还标的物是合同无效或解除的直接、必需的法律效果。因此，一方面，的确不需要利用非债清偿制度达到同样的效果④（而且非债清偿也达不到物上追及的效力）。但另一方面，如若在一般规则上将非债清偿作为合同溯及既往消灭后的返还的基础，并不妨碍当事人直接依据物权变动要件未满足（欠缺有效合同）而直接取得物上返还请求权。以非债清偿作为一般规则的好处是，可以统筹所有类型的合同，而非单纯的物权转让合同，同时不妨碍合同法上特殊规则的适用（例如双务合同解除后返还的特殊规则）。同时，也有利于整个债法体系的精简，便于理解和适用。此外，也与司法实务操作的思维保持了内在的一致。在法国，如果曾

---

① Ph. Malaurie,L Aynès,Ph. Stoffel - Munck,Cours de droit civil:Les obligations,5ᵉ éd. ,2011, Dalloz,n°1041,p. 570.

② 在理论上还出现了所谓的"双务反转合同"（contrat synallagmatique renversé，Carbonnier 教授的用语），"反契约"（contre - convention，Cassin 先生的用语），以及"反转合同"（contrat à l'envers，M. Malaurie 教授的用语）的表述以虚拟这种合同消灭以后的返还关系。

③ A. Bénabent,Droit civil,les obligations,Montchrestien,11ᵉ éd. ,n°222,p. 163.

④ 这显然与德国法相互区别。根据德国物权行为无因性理论，转让合同无效并不影响物权的转移，因为另外一个法律行为——物权法律行为不受此影响。出卖人只能转向不当得利制度主张返还。

经基于一审判决而进行了清偿,后来该判决被推翻,此时的返还请求权基础被认为是非债清偿,对此,没有任何异议。①

至于担保的效力问题,按照从属性的规则,主合同无效,担保合同也应当无效,但是法国判例在此方面有所突破。② 根据此判例的精神,《泰雷债法草案》(第 3 条第 2 款)、司法部《债法改革法令草案征求意见稿(2015)》(第1353 - 1 条第 2 款)规定,在金钱借贷合同无效或解除的情况下,还款担保延伸到借款的返还。同时,考虑到保证人的利益,两部草案均规定,保证人的期限利益仍应当予以尊重。新《法国民法典》(第1352 - 9 条)规定将此制度进一步一般化、不限于金钱之债:对合同履行的担保当然及于返还之债,且保证人的期限利益仍应当予以尊重。

值得注意的是,合同溯及既往灭失以后的返还,如作为非债清偿的一种情况,那么依据非债清偿的计算规则,需要区分接收人是善意还是恶意,而如单纯作为合同无效或解除的一种效果,则不涉及返还人的主观状态。③ 《泰雷债法草案》起草者对此予以认可。④ 这似乎才是两种不同选择最大的区别之处了。

《泰雷债法草案》在非债清偿、不当得利等单元分别规定返还规则;非债清偿返还规则适用于合同溯及既往灭失以后的返还。

而《卡特拉草案》出现了内部矛盾的地方,一方面其第 1331 条体现的是适用非债清偿规则的传统。⑤ 而另一方面却在合同领域内根据判例与学说系统地构建了合同溯及既往消灭以后的返还规则。其起草者对第 1331 条解释时,指出它是属于无效(制裁)理论的情况的延伸,还特意强调了第 1331 条所规定的传统做法得到最高法院的晚近以来判决的否定。⑥ 对这种矛盾进行解释的

---

① P. Remy,Des autres sources d'obligations,in Pour une réforme du régime général des obligations(sous la direction de F. Terré),2003,Dalloz,p. 31 - 50.
② 法国最高法院 1982 年 11 月 17 日商事审判庭之一项判决(Com. ,17 nov. 1982)。
③ M. Malaurie,Les restitutions en droit civil,Cujas,1991.
④ P. Remy,Des autres sources d'obligations,in Pour une réforme du régime général des obligations(sous la direction de F. Terré),2003,Dalloz,p. 31 - 50.
⑤ 《卡特拉草案》在“非债清偿”单元的第 1331 条明确指出:作为支付之基础的债务事后被认定为无效或者解除,或者基于其他方式失去其原因的,发生返还。
⑥ Civ. 1re 24 sept. 2002 , D. 2003. 369.

唯一方法似乎是承认，当事人可以选择适用非债清偿制度或合同溯及既往灭失以后返还规则。

在这个问题上，《司法部合同法草案》曾经采用的是合同领域内系统地构建了合同溯及既往消灭以后的返还规则。①

修订后的《法国民法典》在"债法通则"单元集中规定了"返还"的一般规则，同时在"非债清偿"、"不当得利"单元就其特殊规则另行单独规定。根据修法理由书，有关返还的一般规则适用于"所有类型的利益返还，包括合同无效、解除、失效以及非债给付（l'indu）的利益返还"。由此，有待进一步明确的问题是，合同溯及既往灭失以后，当事人是否可以不主张适用新债法中的返还的统一规则，而选择依据非债清偿返还之诉主张返还？

（二）返还规则

依据修订后的《法国民法典》的统一返还规则，原则上，金钱的返还包括法定利息以及受领人接手期间所支付的税款（第1352－6条）。就金钱以外的物，应按实物返还；在实物返还不能的情况下，按实际价值予以返还。返还标的物实际价值的判断日期如何确定呢？在理论上有如下可能：支付日、返还请求日、起诉之日、判决之日、实际返还日。在法国理论界有不同声音。修订后《法国民法典》确定的是实际返还之日（第1352条）。而服务给付以提供服务之日为准对其价值进行评估（第1352－8条）。

需要强调的是，接收人的主观状态（善意与恶意）并不是非债清偿的构成要件，但却是返还计算的重要因素。②

任何情况下，推定接收人是善意的，即他认为清偿是有原因的、正当的；或者，接收人作为真正的债权人，认为清偿系替债务人偿还债务；或者，没有任何债权，但接收人认为自己有权利。如参保人员对社保政策不了解以为有权获

---

① 参见拙作《法国合同法改革：三部草案的比较研究》，法律出版社2014年版，第243页以下。

② R. Thunhart,Le paiement de l'indu en droit comparé français,allemand,autrichien et suisse, RIDC,2001,p. 183 - 192.

得社保机构发放的社保金等。①

根据修订后的《法国民法典》,接收人是善意的,仅返还自请求之日起发生的利息、收取的孳息以及收益的价值(第 1352 - 3 条、第 1352 - 7 条,这区别于民法典原第 1378 条对善意者不须支付孳息和收益的规定②)。如果接收的标的物毁损或者灭失的,只需按照现状返还,除非接收人对此有过错,按照返还之日的价值赔偿(第 1352 条、第 1352 - 1 条)。如果受领之物已被出售,仅需返还出售的价款(第 1352 - 2 条)。如果是无偿转让的,则不需要返还。③

接收人受领时是恶意的(即明知不应当接收),具有过错,因此应当赔偿清偿人的损失。④ 依据新修订的《法国民法典》,恶意接收人应返还自受领之日起发生的利息、收取的孳息以及收益的价值(第 1352 - 3 条、第 1352 - 7 条);对标的物的毁损或灭失承担责任(第 1352 - 1 条);如果受领之物已被出售,须返还所售价款与出售之物在返还之日的价值二者中较高者(第 1352 - 2 条)。《泰雷债法草案》(第 6 条)还指出,即使是因为意外事件导致的标的物毁损或者灭失,恶意接收人也需要按照实际价值返还。

无论善意还是恶意,接收人都有权利就其为了保管和改良标的物所花费的必要费用要求从返还总额中扣除,但应以返还之日评估的增值为限(第 1352 - 5 条)。⑤

(三)与第三方的关系

相对非债清偿与绝对非债清偿不同,会涉及真正的债权人或债务人,他们

---

① 按照以前传统观念,合同溯及既往灭失以后应适用非债清偿返还的规则,在债权人受领履行以后合同被判定为无效的情况下,债权人被推定为善意。A. Bénabent,Droit civil,les obligations,Montchrestien,11ᵉ éd. ,n°479,p. 317.

② 按照修订前《法国民法典》的规定,接收人是善意的,只须返还其所接收的清偿,不包括孳息和收益(原第 1378 条),但是自转为恶意之日起(因返还之诉被司法传唤或者正式通知之日起)需要返还孳息与收益。Cass. Ass. Plèn. ,2 avril 1993.

③ F. Terré,P. Simler,Y. Lequette,Droit civil,Les obligations,10ᵉ éd. ,Dalloz,2010,n°1061,p. 1055.

④ F. Terré,P. Simler,Y. Lequette,Droit civil,Les obligations,10ᵉ éd. ,Dalloz,2010,n°1061,p. 1055.

⑤ 修订前的《法国民法典》规定:无论善意还是恶意,接收人都有权利就其为了保管标的物所花费的必要和有用的费用要求支付人返还,但应以标的物价值为限(原第 1381 条)。

成为非债清偿返还之诉的第三方。

对于不完全相对非债清偿,真正的债权人作为第三人。他除了可以向其债务人(即清偿人)主张债权以外,是否还可以向接收人主张返还呢? 法国法院的判例持否定意见。① 其主要理由是,清偿并非由真正的债权人所为,因此他不能行使返还之诉。在理论上说,真正的债权人向债务人主张履行、债务人(清偿人)向接收人主张返还之诉,可以还原利益关系。但是,在债务人资不抵债或破产的情况下,如果债权人可以享有直接向接收人主张返还的权利,那么对于其债权实现就处于有利地位。而且承认真正的债权人享有直接主张返还的权利,也有利于简化诉讼关系。从接收人角度看,其没有权利却占有着财富,而真正权利人却不能得到偿付,实在有违公平。因此,有法国学者指出,在债权不能从债务人那里得以实现的特别情况下,应当允许真实的债权人向接收人主张不当得利返还。② 修订后的民法典在此方面没有规定。

对于完全相对非债清偿,真正的债务人作为第三人。那么,在错误清偿他人债务的情况下,清偿人可否要求真正的债务人返还呢? 法国判例有过变化。早期法院不支持清偿人转向真正的债务人,理由很简单,后者并不是清偿的对象,他没有从非债清偿中得到给付,真正应当承担返还义务的是债权人。例如,社保机构向医生支付了患者的诊疗费用以后,发现诊疗的事项并不在社保涵盖范围以内,但是该机构不能转向真正的责任人(患者)要求返还。③ 不过,尽管积极财产没有增加,但是债务人的消极财产减少了;如果不能允许非债清偿人直接向其主张返还,有违公平。于是,法国判例后来转向依据不当得利制度,在错误支付他人债务、不能代位债权人的情况下,允许非债清偿人直接要

---

① 该案件中,某公司将同一债权先后转让给两家不同的银行,债权受让在后的银行并未获得债权,但是债务人却已经向其完成了支付,后来该公司进入到司法重整程序当中,在这种情况下,债权受让在先的银行主张受让在后的银行返还其所接收的清偿,地方上诉法院予以支持,但是最高法院商事庭在 1995 年 7 月 4 日的裁判中否定了上诉法院的意见,拒绝支持该项返还请求权。Com. 4 juill. 1995.

② A. Bénabent,Droit civil,les obligations,Montchrestien,11ᵉ éd. ,n°475 - 1,p. 313.

③ Soc. 31 janv. 1996,D. 1997. 306,note B. Thullier.

求债务人返还。① 修订后的民法典第 1302 - 2 第 2 款指出:在错误支付他人债务的情况下,清偿人也可向真正的债务人主张返还,但并没有明确其返还基础是不当得利还是非债清偿返还的延伸。② 修法理由书将其描述为一项直接诉权。

---

① Civ. 1ʳᵉ,13 oct. 1998,D. 1999,som. 116,obs. L Aynès;Civ. 1ʳᵉ,4 avril 2001,Bull. civ. ,I,n° 105; O. Salvat,Le recours du tiers contre la personne dont il a payé la dette,Defrénois 2004,p. 105.

② P. Remy,Des autres sources d'obligations,in Pour une réforme du régime général des obligations (sous la direction de F. Terré),2003,Dalloz,p. 42.

第六章

不当得利规范的构建

《法国民法典》第三卷第三编（债之渊源）第三副编（其他债之渊源）

第三章　不当得利

第1303条　在无因管理和非债清偿以外的情形，不当获得利益致使他人受有损失的，应以获益与受损二者中金额较少者为限，偿付（indemniter）因此受损之人。

第1303-1条　当获益既非来自于受损人对一项债务的实现，也非来自于他的赠与意图，获益是不当的（injustifié）。

第1303-2条　如果损失来自于受损人为追求个人利益而完成的行为，不偿付。

如果损失来自于受损人的过错，法官可以降低偿付（数额）。

第1303-3条　受损人如果享有另外一项诉权，或者该诉权遇到时效等法律上的障碍，不得以此（不当得利）为基础行使诉权。

第1303-4条　就耗费之日所查实的损失，就请求之日所存在的获益，于判决之日（的价值）进行评估。

受益人为恶意的，偿付（数额）应等同于获益与损失二者中价值较高者。

如前所述,法国判例承认不当得利之债借用的是罗马法上的"转用物诉权"概念。字面本身表明了起点(已经转移的财产)与终点(诉权本身)。① 按照早期这一机制的倡导者奥伯瑞(Aubry)和劳(Rau)的理解,②"转用物诉权"强调的是纯客观的财产"公平规则",即它意味着受损一方的债权建立在纯客观的利益平衡上,从一项财产"转移"到另一财产中的利益应当由后者向前者进行返还;然而,这种"公平规则"很难解释为什么有时赔偿会低于所受的损害,甚至所受的损害根本得不到赔偿。法国学者由此提出了质疑。显然,仅考虑债之本身而不考虑导致债发生的情形,单纯地打破财产上的平衡状态不应当成为债发生的原因。③ 后来,拉贝尔(Ripert)教授系统化地提出这一制度的基础是任何人不得从他人的损害中获利的理念,正如民事责任制度是建立在任何人有义务不损害他人利益之理论上一样。④ 弗洛尔(Flour)教授等学者指出:最恰当的解释或者说错误程度最小的解释,就是赋予转用物之诉(这个)道德基础。⑤

法国司法实践据此围绕着如何确定界限以平衡受损人与受益人之间的利益,逐步确定了转化物之诉适用的条件及效力。本次债法改革根据判例与学理在《法国民法典》中正式写入了不当得利规则。

一、构成要件

(一)客观要件:获益与受损之间具有因果关系

该因果关系在直接的利益变动的情况下没有问题,但是在间接的利益变动的情况下,就比较有争议。例如化肥案件,土地所有人获得利益和化肥商受有损失之间只因有了第三人(农民)的介入。实际上,获益与受损之间具有因果关系本是不当得利的重要的积极要件,但在法国相关讨论很少,因为它已经

---

① H. Roland,L. Boyer,Locutions latines du droit français,Litec,4ᵉ éd. ,1998,p. 106.

② C. Aubry,C. Rau,Cours de droit civil français,D' après la méthode de zachariae,T. VI,1879,§ 578.

③ G. Marty,P. Raynaud,Droit civil,Les obligations,Sirey,1962,n°390.

④ G. Ripert,La règle morale dans les obligations civiles,4ᵉ éd. ,LGDJ,n°138 - 147,p. 246 et s.

⑤ J. Flour,J. - L Aubert,E. Savaux,Droit civil,Les obligations,2. Le fait juridique,12ᵉ éd. ,Sirey,n°36,p. 36.

被另外一个要件"没有原因"（或者说"有原因"）的讨论所涵盖。

（二）不当得利诉权的阻却事由

由于利益不当变动世所常见，法国判例发展出一系列的消极条件作为"防线"阻却不当得利的过分适用。

1. 法律上的阻却事由

（1）有法律上的原因

不当得利最主要的构成要件是"没有原因"，即一方当事人获得利益没有法律上的原因。换种说法或者角度，如果获得利益有法律上的原因，就排除适用不当得利。① 依据法国司法实践的经验，下列情况被认为属于所谓的"有原因"。

首先，利益变动来源于法律的直接规定。例如，家谱研究者自发地找到了被继承人的继承人，并使之继承了财产，但是家谱研究者不能向后者主张不当得利，因为这些继承人是依据财产继承规则继承了财产、获得了利益。② 当然，法律义务往往是有限制的，超过限制的部分则可能构成不当得利。例如，在法国许多婚姻采用了约定财产制度，而夫妻在婚后的实际生活中相互帮助，尤其是一方可能长期无偿地帮助另一方打理生意，当双方情感或信任发生危机的时候，无偿帮助一方常常会向对方主张不当得利返还。从经济或利益得失的角度看，显然有利益的变动。问题是，依照《法国民法典》（第212条）夫妻之间有相互帮助、扶持之义务。这一法定义务是否应当成为阻却不当得利规则适用的法律上的原因呢？ 法国判例认为，前述情况下，一方的帮助已经超过了第212条对婚姻所要求的帮助义务，因此该条规定不能成为阻却不当得利适用的事由。③ 同样地，《法国民法典》（第371条）规定了子女应对父母尽孝顺的道义，但是法国判例指出，这一法定义务不排除子女对其在正常的孝顺父母的范

---

① 就构成要件而言，不当得利制度只需要得利是无因的，不需要规定受损失是无因的。因为，后者已经被前者所包括。如果得利是没有原因的，不需要考虑受损失是否有原因，因为不当得利制度不是不当受损制度。A. Bénabent, Droit civil, les obligations, 11e éd. , Montchrestien, n°429.

② Civ. 1re, 28 mai, 1991, RTD civ. 1992. 96, obs. J. Mestre.

③ Civ. 1re, 9 janv. 1979, D. 1981. 241, note A. Breton.

围以外所提供的帮助主张不当得利返还。① 单纯的道德义务不属于有法律上的原因,不能排除适用不当得利。②

第二,如果利益变动来自于对司法裁判的履行,当然也属于有法律上的原因。

再者,获得利益者与受损人之间存在合同关系,属于有法律上的原因。这是非常常见的阻却不当得利适用的事实。比较有争议的是,合同一方当事人未经另一方同意或指示,在履行合同义务时,超出了约定的范围,就超过部分可否主张不当得利返还? 例如汽车修理工单方面超出约定范围提供了修理服务。法国法院判例认为,不能主张不当得利。③ 法国学者认为,这种情况不得主张不当得利,但理由系受损人自己有过错。④

此外,如果获得利益者与第三人之间存在合同关系,也可被认定为有法律上的原因。例如商业资产出租人与承租管理人约定,所有提供给承租管理人的商品均属于商业资产所有人(即该出租人)所有。在一家公司向该管理人提供了产品以后,他们之间签订的租赁管理合同解除了。于是该公司以不当得利为由要求出租人返还产品。1939 年 2 月 28 日法国最高法院判决拒绝了该公司的主张。这一判决的影响在于,它导致了以后所有与 1892 年化肥案类似的案件不再符合不当得利返还的构成要件:所有人的获益有其原因——他与受损人以外的第三人订立的租赁合同。⑤ 类似的判决还有,出租人与承租人约定,租赁期满收回租赁物,对租赁期间的改良与修缮不支付任何偿付。承租人在租赁结束之前,进行了施工但是没有支付施工方费用。租赁结束以后,施工方向租赁物所有人(出租人)以不当得利为由要求返还相关费用。法国最高法院民事三庭认为,出租人对获益享有法律上的原因,否定了施工方的请求。⑥

---

① Civ. 1re,12 juill. 1994,D. 1995. 623,note M. Tchendjou.

② F. Terré,P. Simler,Y. Lequette,Droit civil,Les obligations,10e éd. ,Dalloz,2010,n°1068,p. 1061 - 1064;R. Cabrillac,Drot des obligation,10e éd. ,Dalloz,n°208,p. 174 - 176.

③ Com. 8 juin 1968,Bull. civ. ,n°85,JCP 1968. II. 15724,note G. Ripert.

④ R. Cabrillac,Drot des obligation,10e éd. ,Dalloz,n°208,p. 175.

⑤ Req. 15 juin 1892,D. 1892,1,596;H. Capitant,F. Terré,Y. Lequette,Les grands arrêts de la juris-prudence civile,T. 2,Obligations Contrats spéciaux Sûretés,12e éd. ,2008,p. 553 et s.

⑥ Civ. 3e,25 fév. 1975,Bull. civ. ,III,n°77. .

相反地,如果租赁合同中没有此类条款,①或者此类条款、合同无效或合同解除,则可以构成不当得利。②

修订后的《法国民法典》(第1303 - 1条)界定了不当得利的这一构成要件"无因":利益的变动并非来自于请求人履行其债务也非来自于请求人的赠与目的。

需要说明的是,法国法特殊之处在于,承认间接不当得利。直接不当得利情况下的"无因",不同于于间接不当得利情况下的"无因"。前者主要考察得利是否来自受损人的债务履行或赠与意图;而后者,受损人与受益人并未直接发生联系,因此获益是否有原因应当从受益人以及导致利益变动的第三人之间着眼,他们之间如果存在合同关系,并且该合同关系允许受益人保有基于合同履行带来的利益,才能认为获益有原因。否则,才是无因,适用不当得利。

而新法以及众多草案均仅就直接不当得利情况下的"无因"要件进行了规定。但起草者并非否认"间接不当得利"及其"无因"要件的特殊性,之所以没有明确规定,是为了追求法条的精简,毕竟"间接不当得利"是一种例外。③

(2)存在其他诉权与辅从性原则

在1892年化肥案件以后,法国法院为了限制不当得利的适用范围,防止不当得利过分广泛地适用以至于破坏法律关系的稳定,要求其适用应当满足一个前提条件,即受损人没有其他诉权可以进行救济。换言之,如果有其他诉权可以行使、进行救济,受损人不能适用不当得利返还。该诉权既可以是针对受益人的,也可以是针对第三人的(例如保证人)。④ 这就是所谓的辅从性原则(Principe de subsidiarité)。

依据此原则,只要有其他诉权,就排除不当得利制度的适用。即使该诉权因为法律上的原因(如已过诉讼时效、逾期失权、基于法院判决、诉讼中证据不

---

① Req. 11 sept. 1940,S. 1941. 1. 151,note P. Esmein.

② Civ. 1ʳᵉ,25 mai 1992,A. Bénabent,Droit civil,les obligations,Montchrestien,11ᵉ éd. ,n°490 - 495, p. 324 - 329.

③ P. Remy,Des autres sources d'obligations,in Pour une réforme du régime général des obligations (sous la direction de F. Terré),2003,Dalloz,p. 45.

④ Com. ,10 oct. 2010,Bull. civ. ,IV,n° 150. Ph. Malaurie,L. Aynès,Ph. Stoffel - Munck,Cours de droit civil:Les obligations,5ᵉ éd. ,2011,Dalloz,n°1071,p. 584.

足等①)而不能达到救济受损人的最终目的,也不得利用不当得利制度予以替补。例如,女方曾在丈夫的公司任职并帮助公司完成了许多项目,在离婚以后,她可否以不当得利主张偿付呢? 法国法院认为,她只能依据劳动关系领取正常的工资,而不得通过不当得利绕开此路径。② 但是,作为例外,如果该诉权是基于事实上的原因(如债务人资不抵债)而不能达到救济受损人的最终目的,则可以用不当得利制度替补。防止不当得利制度架空其他法律制度,既是辅从性原则的目的,也是指导确定辅从性原则的适用范围的核心标准。综上,传统的辅从性原则认为在两种情况下,不能适用不当得利返还:一是受损人有其他诉权可以行使、获得救济;一是可以行使的其他诉权遇到法律上的障碍(如已过诉讼时效)。修订后的《法国民法典》(第1303-3条)以及《卡特拉草案》(第1338条)、《泰雷债法草案》(第11条)、司法部《债法改革法令草案征求意见稿(2015)》(第1303-3条)规定了该项原则。

需要说明的是,辅从性原则的概念对于两种类型的不当得利(直接不当得利与间接不当得利),也有不同的内涵。就间接不当得利而言,受损人没有直接针对获利者的诉权,但是通常可以向导致利益变动的第三人主张权利。在这种情况下,辅从性原则意味着,只有在该第三人资不抵债得以被证实的情况下,受损人可以向获益者主张不当得利。

我们注意到,修订后的《法国民法典》(第1303-3条)以及《卡特拉草案》(第1338条)、《泰雷债法草案》(第11条)、司法部《债法改革法令草案征求意见稿(2015)》(第1303-3条)仅就直接不当得利情况下的辅从性原则进行了规定,但是这仅是为了追求法律条文精简、避免冗长所采取的立法方式,③因此,在解释上,并不否认间接不当得利及其特有的辅从性原则。

2. 道德上的阻却事由

法国学理上认为不当得利还有"道德要件",其功能是为法官提供了就请求人(受损人)的行为进行控制的工具。传统理论上,道德要件有两种情况。

① Civ. 3e,29 avr. 1971,RTD Civ. 1971. 842,obs. Y. Loussouarn.
② Com. 16 mai 1995,RTD Civ. ,1996. 160,obs. J. Mestre.
③ P. Remy,Des autres sources d'obligations,in Pour une réforme du régime général des obligations (sous la direction de F. Terré),2003,Dalloz,p. 45.

如今新立法根据理论与判例的发展,仅保留了一个(从事旨在个人获益的行为)作为消极要件,另一个(受损人的过错)则作为返还计算的考虑因素。

(1)受损人的过错

1953年5月6日法国最高法院就一起不当得利之诉案件做出判决,鉴于作为原告的外祖母在其女儿死亡以后坚持自己抚养其外孙子女,而不顾法院将死者的子女判给其丈夫抚养的判决,法院认为原告具有过错,不能向这些孩子的父亲主张抚养费用和教育费用的偿付。据此,受损人的过错排除适用不当得利。

此后,法国法院有判决开始区分受损人的过错的严重程度。在严重过错或恶意的情况下,[①]排除适用不当得利。例如,承租人在法院勒令迁出以后仍然支出费用改良租赁房屋,法国法院认为其不能主张不当得利返还。[②] 再如,伪造遗嘱之人利用假遗嘱"继承"了财产,并为此支付了继承税以及有关费用,他在返还财产给真正有权的继承人时,因其过错而不能就其所支出的税费主张不当得利返还。[③] 而在不属于严重过错的情况下(如"过错或者疏忽"[④]),仍可主张不当得利返还,过错只是不当得利返还请求人对获益者造成损失承担责任的基础(单纯从最终返还的结果上看,过错是减轻不当得利返还数额的考虑因素)。

不过,如果在过错的情况下不允许返还,有时就会过于严苛、导致不公。由此法国判例一度表现得比较犹豫,有两种不同的意见。一种意见(如前所述)认为,应当区分申请人的过错的严重程度,如果是严重的过错,不构成不当得利;但如果是简单的过错,仅对不当得利返还数额产生影响。另一种意见认为,无论过错严重程度,均构成不当得利;法官根据实际过错的严重程度调节返还数额。在这种情况下,它和不当得利的构成并不相关,而是影响返还的多少。如今法国法院似乎更倾向于将过错从不当得利适用的阻却要件中排除,

---

① A. M. Romani,La faute de l'appauvri dans l'enrichissement sans cause et la répétition de l'indu,D. 1983,Chron. 127.

② Soc. 15 nov. 1957,JCP 1958. II. 10666,note B. Joly.

③ Civ. 1ʳᵉ,18 janv. 1978,JCP 1980. II. 19635,note B. Thullier.

④ Civ. 1ʳᵉ,11 mars 1997,D. 1997. 407,note M. Billiau.

而变成衡量与计算返还金额的因素。①

　　针对上述两种意见,《卡特拉草案》(第 1388 条)选择了前者;《泰雷债法草案》(第 12 条)、修订后的《法国民法典》(第 1303 - 2 条)选择了后者。显然,后一种方案降低了相关案件处理时的复杂程度。不需要通过绕圈子的思路(如请求返还之人因过错而给不当得利人造成的损害应当从其可以获得的返还金额中减除)解决问题。也与前面非债清偿情形中的完全相对非债清偿支付人有过错的情况处理其过错带来的返还计算规则相互一致。②

　　(2)受损人从事旨在个人获益的行为

　　如果当事人从其行为中获得利益,他不能向同样从其行为中获得利益之人主张不当得利。基于任何人需要对其冒险行为、风险行为承担后果的原则,法国判例比较一致地认为,此种情况下,即使得利者没有原因,申请人也不能主张不当得利返还。因此,它实际上是不当得利的消极构成要件。

　　法国判例中最常见的典型案件是,改良自家财产,使得邻居获益。例如,所有权人将电网延伸至自家土地,其邻居因此而方便地接入电网、从中获利。法院认为,后者不需要承担不当得利返还义务,因为土地所有人的施工行为是"为了他自己的利益并由其本人承担风险与损害"的行为。③ 又如,将水引到自家磨坊,其上游邻居也因此获利。类似地,我们可以想象,如果土地所有人或者使用人施工改造地上建筑物,从而导致周围土地增值,也不得主张不当得利。法国判例还承认,直接在他人财产上施工,只要具有追逐个人利益的动机,也阻却不当得利的适用。这种情况与《法国民法典》第 599 条第 2 款所规定的精神一致,用益物权人不能就其对不动产所带来的改良主张偿付,原因很简单,他所作所为系为了其本人利益、风险自担,且他知道权利的有期限性和短暂性。因此,如果承租人在租赁的不动产上完成了重大的施工,其本期望能

---

① Ph. Conte,Faute de l' appauvri et cause de l' enrichissement,RTD civ. 1987,223;Mecene - Marenaud,Le role de la faute dans les quasi - contrats,RTD civ. 1994,515;J. Périnet - Marquet,Le droit à l' action de in rem verso encase de faute de l' appauvri,JCP G. 1982,I, 3075. A. Bénabent,Droit civil,les obligations,11ᵉ éd. ,Montchrestien,n°490 - 495,p. 324 - 329.

② P. Remy,Des autres sources d' obligations,in Pour une réforme du régime général des obligations (sous la direction de F. Terré),2003,Dalloz,p. 46.

③ Civ. 1ʳᵉ ,19 oct. 1976.

从中获益,最后他没有因此工程而获利,也不能向不动产所有人主张返还利益。①

众多草案(《卡特拉草案》第 1137 条,司法部《债法改革法令草案征求意见稿(2015)》第 1303 - 2 条第 1 款,《泰雷债法草案》第 12 条第 2 款)均承认了这一要件。同样地,修订后的《法国民法典》第 1303 - 2 条指出,在请求人有"追求其个人利益"的情况下,不能主张不当得利返还;从条文体例上看,这一道德要件是独立于"无因"这一法律要件(第 1303 - 1 条)的范畴的。

二、特有的返还效力:双重限制规则

不当得利返还以受益人的受益与受损人的损失二者中较低者为准(修订后的《法国民法典》第 1303 条)。例如不当得利导致他人财产增值了 2000 元,而行为人花费成本不过 500 元,那么返还金额即为 500 元。

(一)双重限制的计算

不当得利返还的计算,涉及返还对象构成的确定日以及价值的评估标准日。按照双重标准,需要就损失、受益分别计算。不过,这二者可能随着时间的流逝处于变动的状态。一般说来,"损失"在其发生以后构成较为固定;而"受益"则可能变化较大,例如在他人土地上新增的建筑物很可能经过一段时间的雨水浸泡而坍塌,这种利益的变动因不再存在而不能算作"得利"。② 因此,首先需要选定一个节点(确定日),确定损失、受益是否存在以及具体的构成,作为评估对象。然后再选定一个节点(评估标准日),评估上述损失、受益的价值(如市场价格)。按照法国传统的做法,确定日与评估标准日为同一日。具体说来,针对损失,其确定日和评估标准日通常是实际发生之日;③而针对受益,其确定日和评估标准日通常是提起诉讼之日。④

---

① F. Terré,P. Simler,Y. Lequette,Droit civil,Les obligations,10ᵉ éd. ,Dalloz,2010,n°1070,p. 1065.

② 这与无因管理相互区别,无因管理的本人应当返还最初的花费,而不考虑事后的发展变化。Ph. Malaurie,L Aynès,Ph. Stoffel - Munck,Cours de droit civil:Les obligations,5ᵉ éd. ,2011,Dalloz,n°1067,p. 580.

③ Civ. 3ᵉ,18 mai 1982,Bull. civ. ,n°122.

④ Civ. 1ʳᵉ, 18 janv. 1960, JCP 1961. II. 1960. 753, note P. Esmein; RTD civ. 1960. 753, note J. Hebraud.

但是,这个传统的做法受到了理论界的批评。损失发生日(评估损失)、诉讼提起日(评估受益)均距离实际返还日有段距离,长久的拖延导致货币贬值的风险由返还请求权人承担;"还不要忘记,须以两者中数额较少者为限"。①在实践中,该规则的适用并不那么严格,例如,就受益的评估,法官有时会选择受益的实际占有日;②又如,若受损人"不能在心理上更早提出主张"的时候,法官会按照请求日的标准评估损失和受益。③

修订后的《法国民法典》(第 1303 - 4 条)按照"价值之债"对待返还数额:损失的确定日为实际支出日,受益的确定日为请求之日,评估标准日均为判决之日——这是与实际返还日最为接近的日期。在起草者看来,这个日期的选择,与其他类似日期放在一起显得更为协调。例如,这个日期与非债清偿的返还计算日为实际返还日更为靠近(但由于非债清偿与不当得利的返还对象不同,后者没有采用实际返还之日)。再如,它与家庭财产法的日期也颇为接近。与《法国民法典》第 555 条第 3 款有关在他人土地上种植或建筑的返还规定更为接近(该条要求,所有权人决定是否保留建筑或种植物的所有权,如果选择保留,其需要支付不动产的增值部分或者"偿付之日"的材料费与人工费)。④

(二)双重限制效力下的恶意加重规则

此外,修订后的《法国民法典》(第 1303 - 4 条)就受益人恶意设立了加重责任的规则:受益人为恶意的,偿付数额应等同于获益与损失二者中数额较高者。《泰雷债法草案》(第 13 条)、司法部《债法改革法令草案征求意见稿(2015)》(第 1303 - 4 条),亦有此规定。此举的目的显然是为了使得不当得利

---

①　Ph. Malaurie,L Aynès,Ph. Stoffel - Munck,Cours de droit civil:Les obligations,5e éd. ,2011,Dalloz,n°1067,p. 581.

②　Civ. 1re, 18 janv. 1960, JCP 1961. II. 1960. 753, note P. Esmein; RTD civ. 1960. 753, note J. Hebraud.

③　Civ. 1re,26 oct. 1982,JCP 1983. II. 19992,note F. Terré. 该案中的妻子是一名护士,曾长期在丈夫的诊所中无偿地提供帮助。法院认为,妻子主张不当得利的损害与受益的评估节点,应当是请求离婚之日,因为在此之前,妻子在心理上不可能起诉其丈夫。

④　P. Remy,Des autres sources d'obligations,in Pour une réforme du régime général des obligations (sous la direction de F. Terré),2003,Dalloz,p. 47.

制度更接近非债清偿制度。① 由此，获益之日如果具有恶意，将承担加重了的返还之债。②

《卡特拉草案》（第 1339 条）也设立了责任加重规定：于请求之日评价获益以及损失。但是，于受益人具有恶意的情形，于其受益之时评价所获得的利益。显然这一规定，未必能起到对恶意受益人的"惩罚"，因为在其得到利益之时评价所得利益未必能在数额上得到一个"高点"。

---

① P. Remy,Des autres sources d'obligations,in Pour une réforme du régime général des obliga-tions (sous la direction de F. Terré),2003,Dalloz,p. p. 47.

② 这种加重责任的规定，在《泰雷责任法草案》（第 54 条）中也有所体现。

第七章

借鉴与启示

自 2016 年 10 月 1 日起,法国债法改革法令对《法国民法典》的修订生效,新债法开始接受实践的考验。从时间上讲,这对正在进行中的中国民法典编纂工作,提供了一个难得的比较法素材。同时,从内容上讲,由于法国债法改革面临着和中国民法典编纂非常类似的一些情况,它形成了具有高度可比性的参照系。

一、法典的制定与修订

法国新债法的生效,距离第一部专家草案的出台(2005 年)已经过了十余年;它还是通过授权立法以政府"法令"的形式完成的;改革还排除了对民事责任法(侵权责任法)和特别合同法内容的修订。可见这个立(修)法成果来之不易。

一方面,债法内容庞杂而重要,既涉及普通民众的日常生活,也关联市场交易,应以审慎的态度对待之。另一方面,法典修订本身往往会成为立法理念变现的技术障碍。尤其是经历过两个世纪的法典,需要维持既有司法实务与学术研究对旧有法条援引与理解的传承,尽可能小地带来改变,又要修正不适时宜的表述、规则和艰涩复杂的逻辑架构,修法者需要考虑法典原有逻辑、编章节目的位置、条文编号的存废、既有术语或规则的取舍、比较法多个范本与经验的挑战等等。

不过法国经验表明,民法典不应再被视为一个静态的标志。无论法典制定时多么的"完美"或"科学",修法毕竟是不可避免的。

因此,在制定民法典的过程中,应当充分考虑法律稳定性的要求,尤其是未来修法的便利。法典体例结构的逻辑严密,规则的简明和精确,表达具有可读性、便于公众解读,都是十分必要的。

同时,面对全球民商事交往的日益加深,创制一个明晰、重视效率又符合不断发展的全球化经济形势的法律框架,是对法典制定的现实要求。如果法典架构和法律规则过于特殊,既不便利,也不利于在国际交往中被当事人选用。法典制定中,以宽广的视野充分展开比较法上的研究与观察,具有非常重要的校对功能。

而适应社会发展的修订也不应看作是对法典的破坏,而应以更为积极的心态对待它。在过去两百余年间,法国人在修订民法典过程中所遇到的困难常常具有普遍性和典型性,其修法经验(如结构的变更、条文序号的运用、修法途径的选择、修法的表述等等)也是比较法上的范例,对我们今后修改民法典以及今天制定民法典具有参考价值。

二、中国债编体系构建与法国债法体系重构的共性问题

在中国民法典编纂的过程中,债编体例"直接关系到整部民法典的结构体例",①是中国民法典编纂的"关键所在",②持续成为学界关注的焦点。中国在设计债编体例时所面临的现状与问题,和法国债法改革之前的情况十分雷同。

首先,中国债法规范的渊源十分松散且欠缺通则性的规定。现行债法分布在《民法通则》第五章第二节"债权"与第六章"民事责任"、合同法、侵权责任法、担保法以及最高人民法院针对上述法律所发布的司法解释中。其中,债法通则性的规范数量少又不具体系化:民法通则中"唯有"第86条(按份之债)和第87条(连带之债)起到"无可取代"的债总规范的地位;③另有大量的债法通则规范存在于合同法之中。再者,在现行的松散体系下,中国债法以债的渊源为基本分类方法,对待每种债的态度有轻有重,设置的规范繁简不一。④ 如合同法、侵权责任法及相关配套解释的规范颇为充实;而无因管理之债和不当得利之债仅在民法通则各有一个条文。

这种现状在《民法总则》通过以后并未改变。⑤

中国制定民法典需要在合同法、侵权责任法已自成体系且较发达的现状下重构债法规范体系,协调若干基础关系,包括法律行为与合同谁是规范的中心,债法总则应否与合同法总则并存,如何处理不同原因所生之债的特殊规范

---

① 参见柳经纬:"我国民法典应设立债法总则的几个问题",《中国法学》2007年第4期,第3页。

② 参见王利明:"债权总论在我国民法典中的地位及其体系",《社会科学在线》2009年第7期,第225页。

③ 参见朱广新:"论债法总则的体系地位与规范结构",《北航法律评论》2013年第1辑,第70页。

④ 参见崔建远:"中国债法的现状与未来",《法律科学》2013年第1期,第135页。

⑤ 即2017年3月15日十二届全国人大五次会议审议通过的《中华人民共和国民法总则》。

与共同规范的体例关系,如何安置无因管理与不当得利等债的渊源等问题。

这也是以法国民法为代表的欧陆法系在重构债法体系时所面临的难题。2016 年 2 月,法国债法改革重构了《法国民法典》的债法体例,不仅意味着《法国民法典》及其债法部分经历了两个世纪以来的"颠覆性"变化,也表达了以法国民法为代表的大陆法体系对待中国在制定民法典过程中所要面对的若干问题的态度,明确回答了上述问题,为中国立法提供了参考范例。法国债法的新体系以合同规则为中心,其规范准用于其他法律行为;债法一般性规则从合同规范体系中分离出来,设立债法通则;债法体系按照"债之渊源"、"债之通则"、"债之证明"以及特别合同的顺序展开;"债之渊源"囊括合同法总则、侵权责任法以及其他债的渊源规则。这一立法经验凸显了债的渊源在债法体系构建中的主导地位以及合同的基础地位。

三、法律行为规范与合同法

对于前述的大陆法系债法体系构建的首要与核心问题(即意定之债的规则是以合同法规则为中心,还是以法律行为规则为中心),国内"鲜有学者"予以深度论述,虽然答案可以从权威学者对民法典的设计以及最近通过的《民法总则》中得出,即法律行为规范将成为民法典总则的核心内容,但这种操作或者说"共识",被学者推测为"很大程度上是集体无意识的成分,而不是有意为之",因此"从问题意识上讲""仍值得深入研究"。[1]

中国法的一个现状是,民法通则第四章"民事法律行为和代理"集中规范了包含合同在内的所有法律行为的生效与效力规则,确立了法律行为的法典化、普适性和中心化。但情况随着 1999 年合同法的出台发生了极大的改变,法律行为规则和合同规则之间的关系变得颇为特殊。

虽然与民法通则第四章第一节("民事法律行为")面对着大量的同类问题(例如合同无效的判断标准及其效力等),但是合同法没有任何一个条文指向或援引该章节的法律行为一般规范,也没有任何一个条文触碰过"法律行为"的表述。我们看到的是,民法通则第四章(尤其第一节)规范的众多事项被合

---

[1]　朱广新:"论债总则的体系地位与规范结构",《北航法律评论》2013 年第 1 辑,第 73 页,第 77 页。

同法再次调整。① 我们还看到,就这些重复的事项,合同法中的某些规则与民法通则出现了矛盾之处,导致了一种特殊的法律冲突现象,即合同的规则与合同以外的法律行为的规则截然相反。② 在合同法起草过程中,似乎鲜有声音认为:对于这些重复事项,应当重点修订民法通则的法律行为一般规范,合同法应绕开或援引一般法规则,以确保所有的法律行为规则协调一致。如今,合同这种法律行为的规则已自成体系,部分规定还是对民法通则的法律行为规范的修改。这使得合同脱离法律行为,不再以民法通则的法律行为规则为水之源头、木之根本。被抽掉合同这一类最为基本的法律行为,民法通则关于法律行为的规定其实也"被封杀"了。③

可见,民法通则所确立的法律行为中心化,在事实上已经或多或少被合同法所虚化。应如何解释这种现象呢？我国在编纂民法典时又应如何处理法律行为概念与合同规则的关系呢？

就民法通则所确立的法律行为中心化在事实上被合同法所虚化的现象,究其原因,有学者认为是观念缺位所引起的必然现象,是由于不懂得法律行为在民法中的地位所引起的。④ 我们以为,一方面,这与合同法的发展有关。制定统一合同法时,合同法的比较研究成果丰硕,尤其是前述《国际商事合同通则》和《欧洲合同法原则》成为当时立法中的重要参考范本,合同中心化已经在事实上成为比较法的发展趋势,而这一现象在民法通则制定时期尚未

---

① 重复调整同一对象的条文如:民法通则第 56 条与合同法第 10 条（合同的形式）、民法通则第 57 条与合同法第 44 条（成立）、民法通则第 58 条与合同法第 52 条（绝对无效情形）、民法通则第 59 条与合同法第 54 条（相对无效情形）、民法通则第 60 条与合同法第 56 条（部分无效）、民法通则第 61 条与合同法第 58、59 条（无效的效果）、民法通则第 62 条与合同法第 45 条（附条件合同）、民法通则第 66 条与合同法第 48 条（广义无权代理）等。

② 例如,根据民法通则,"一方以欺诈、胁迫的手段或者乘人之危,使对方在违背真实意思的情况下所为的"法律行为,绝对无效（第 58 条第 1 款第 3 项）。而根据合同法,"一方以欺诈、胁迫的手段订立合同,损害国家利益",合同绝对无效（第 52 条第 1 项）;在订立合同时乘人之危的,合同相对无效（第 54 条）。

③ 张俊浩主编:《民法学原理》（修订第三版上册）,中国政法大学出版社 2000 年版,第 238 页。

④ 张俊浩主编:《民法学原理》（修订第三版上册）,中国政法大学出版社 2000 年版,第 237 页。

出现。另一方面,也可以从法国学者对法律行为法典化、中心化的反思中寻找原因。

那么,中国在编纂民法典时是否应设置法律行为制度,若规定这一概念,又该在多大程度上将合同法总则中的相关规定整体抽出? 目前,中国立法可有多种选择:第一种路径,基本维持现有的叠加重复立法模式。[①] 第二种路径,突出以法律行为为中心,简化或压缩合同法。例如,可将合同区别于其他法律行为的特殊规则(尤其是要约与承诺)排除在民法总则的法律行为规则之外,规定在分则部分,而将合同法中凡与意思表示相关的规则全部规定在法律行为部分,即将合同法总则编的"合同的订立"(第二章)与"合同的效力"(第三章)整体搬到民法总则编之中。[②] 第三种路径,是中国未来若坚持合同中心主义,民法典总则的有关规范应酌情缩减,利用一般性的"准用"条款指向合同规范。这种技术方案类似法国法,优点在于合同法总则不作大幅调整,原则上保持既有的立法状态,且符合当下全球私法的发展趋势,但与中国现有的众多民法草案以及新近通过的《民法总则》出入较大。

四、合同法的发达与"债法总(通)则"的制定

中国债法未臻完善,加之受模范法的影响,也出现了所谓的合同中心主义:债法一般规则主要在合同规范中展开。

相比民法通则中本来数量就少的债法一般规则而言,合同法中有不少规范具有债法通则的性质。例如,合同法第 73 条和第 74 条(债权人的代位权与撤销权)、第 80 条到第 87 条(债权或债务的转让)、第 100 条(债的抵销)、第 101 条到第 104 条(债务提存)、第 105 条(债务免除)等,所确立的均是债法一般性规则。那么编纂民法典,是维持合同法既有体系还是对其进行调整、将债法一般性规则剥离出来并设立"债法通(总)则"?

---

① 如 2002 年 12 月 23 日提请第九届全国人民代表大会常务委员会第三十一次会议审议的《中华人民共和国民法(草案)》。

② 参见朱广新:"论债法总则的体系地位与规范结构",《北航法律评论》2013 年第 1 辑,第 77 页。

这个问题是当下中国学界讨论的重要问题之一。① 尤其是 2002 年 12 月提请九届全国人大常委会审议的《中华人民共和国民法(草案)》,在总则之外设立了八编:物权、合同、人格权、婚姻、收养、继承、侵权责任、涉外民事关系的法律适用,明显采纳了否认债法通则的方案,一个主要的理由就是合同法和侵权责任法已经较为完备。② 而反对设债法通则的学者常引原来的《法国民法典》作为比较法上的例证。③

其实,认为不宜设立债法总则的立法方案或者学者,正是看到了债法领域的合同中心主义,强调我国合同法"总则性的规定将传统债法总则的内容几乎已经全部涵盖"。④ 但实际上,从民法通则专设"债权"一节起,债(权)的概念在反映市场经济本质、连接民法与市场经济上发挥了重要的社会作用,它已"不仅仅是民法财产法的基本概念,而且是整个民商事法律的基础概念",成为中国法律工作者重要的法律思维工具。⑤ 合同法总则部分扮演债法总则的角色系特定历史条件下的产物,在编纂民法典时应将本属于债法总则的内容从

---

① 赞成中国民法典设立债法总则者,如梁慧星("中国民法典编纂的几个问题",《山西大学学报(哲学社会科学版)》2003 年第 5 期,第 13 页以下)、王利明("论债法总则与合同法总则的关系",《广东社会科学》2014 年第 5 期,第 224 页以下)、崔建远("编纂民法典必须摆正几对关系",《清华法学》2014 年第 6 期,第 43 页以下)、郭明瑞("关于编纂民法典须处理的几种关系的思考",《清华法学》2014 年第 6 期,第 34 页以下)、柳经纬(柳经纬:"我国民法典应设立债法总则的几个问题",《中国法学》2007 年第 4 期,第 3 页以下)、孙宪忠("我国民法立法的体系化与科学化问题",《清华法学》2012 年第 6 期,第 46 页以下)、杨立新("论民法典中债法总则之存废",《清华法学》2014 年第 6 期,第 81 页以下)、薛军("论未来中国民法典债法编的结构设计",《法商研究》2001 年第 2 期,第 50 页以下)、朱广新("超越经验主义立法:编纂民法典",《中外法学》2014 年第 6 期,第 1422 页以下)等。持不同意见者,如王胜明("制订民法典需要研究的部分问题",《法学家》2003 年第 4 期,第 9 页以下)、覃有土和麻昌华("我国民法典中债法总则的存废",《法学》2003 年第 5 期,第 101 页以下)、许中缘("合同的概念与我国债法总则的存废",《清华法学》2010 年第 1 期,第 150 页以下)等。
② 柳经纬:"我国民法典应设立债法总则的几个问题",《中国法学》2007 年第 4 期,第 10 页。
③ 覃有土和麻昌华:"我国民法典中债法总则的存废",《法学》2003 年第 5 期,第 102 页。
④ 许中缘:"合同的概念与我国债法总则的存废",《清华法学》2010 年第 1 期,第 155 页。
⑤ 梁慧星:"中国民法典编纂的几个问题",《山西大学学报(哲学社会科学版)》2003 年第 5 期,第 18 页。

合同法中剔除,"归还"本属于债法总则的制度及规范。[①]

实际上,此次法国债法修订与中国编纂民法典面临着极为类似的问题,长期以来,在法国债法领域也有所谓的合同中心主义:债法一般规则主要在合同规范中展开。

法国债法修订的经验告诉我们,是否设立债法总则无非是一个在多大程度上发挥"债"的抽象作用的问题,答案决定了与大陆法系和英美法系的亲疏关系。法典编撰无论是法学阶梯式的还是学说汇纂式(即潘德克吞式)的,都要对繁杂的"民事关系进行规范抽象的作业",这是必要的、最基本的作业,只是抽象程度不同而已。[②] 可以说,这次《法国民法典》的修订是在债法领域内将规范抽象的作业推进了一层。在今天看来,大陆法系民法典的"标配"不是民法总则,而是债法总则。

五、债法总(通)则与分则的关系

如果立法者决定不在合同规范中展开债法一般规则,那么必然会有类似于债法总则(共同规则)与分则(特殊规则)的构造。对此,中国学界聚焦在两个具体问题上,一是如何安置侵权责任法,二是如何安置无因管理与不当得利的规则。前者因已自成体系、较为发达,后者因规范数量单薄,均对分则的安排提出挑战。

关于侵权责任法,有的方案建议设立"债法分则"单元,并排安置侵权责任法与合同法;[③]但更多方案鉴于侵权责任法已单独立法,建议在民法典中独立成编,顺接合同法编,不再设置所谓的"债法分则"。[④] 就无因管理、不当得利等其他债的渊源,考虑其条文数量,多数学者建议将其放在债法总则中,例如梁慧星教授主持的《中国民法典草案建议稿》在"债权总则"编的"债的原因"一章中规定了不当得利、无因管理和单方允诺。[⑤] 王利明教授主持的《中国民

[①]　崔建远:"中国债法的现状与未来",《法律科学》2013 年第 1 期,第 138 页。

[②]　柳经纬:"我国民法典应设立债法总则的几个问题",《中国法学》2007 年第 4 期,第 4 页。

[③]　薛军:"论未来中国民法典债法编的结构设计",《法商研究》2001 年第 2 期,第 56 页。

[④]　如梁慧星主编:《中国民法典草案建议稿(第二版)》,法律出版社 2011 年版;王利明主编:《中国民法典学者建议稿及立法理由:侵权行为编》,法律出版社 2005 年版。

[⑤]　同上引梁慧星书。

法典学者建议稿》在"债法总则"编的"债的发生"一章中规定了无因管理、不当得利、悬赏广告和缔约过失行为。[1] 对此，崔建远教授指出：把不当得利、无因管理规定于债法总则编的方案，其实"是个无奈的办法"。"因为按照一般的逻辑，债法总则是要普遍适用于各种类型的债的，不当得利、无因管理的规范显然不具有这样的属性和功能"，而"只要将债法分解为若干编，只要顾及编章的形式美，无论不当得利、无因管理放置于何处，都不会令人满意。不过，这并不意味着不当得利、无因管理被规定在债法总则编不能容忍"。[2]

可见，立法者必须在逻辑与形式美之间做出艰难的选择。而法国债法修订也面临类似的情形。民法典的债编体系结构必然要逻辑清晰地展示所有债的共性规则以及不同渊源之债的特殊规则。

似受模范法的影响，不经意间，中国现在的债法体系与《法国民法典》已颇为近似，也以债的渊源为出发点安排债的规则。合同法、侵权责任法各自已经形成了完备的体系，与民法通则第 92 条（不当得利）、第 93 条（无因管理）以及少量存在于民法通则第五章（民事权利）第二节（债权）的一般规则（关于债的定义的第 84 条、按份之债的第 86 条和连带之债的第 87 条）共同搭建起十分松散的债法体系。2017 年 3 月通过的《民法总则》也基本保留了《民法通则》的风格。

法国债法修订方案所选取的"先债之渊源、后债之通则"的债法框架，简便、逻辑，并很好地顾及了原有的法律体系以及比较法的发展趋势，也不失形式美，值得探讨。中国未来的债法体系可在债法总则之外，按照债的发生原因依次规范不同渊源之债的特殊规则，以充分展现债法的抽象作用和法典的逻辑体系。同时，考虑到债之原因的开放性以及法条数量的平衡，可以设"其他债的渊源"以规范无因管理、不当得利等合同与侵权行为以外可引起债的原因。

---

[1] 王利明主编：《中国民法典学者建议稿及立法理由（债法总则编、合同编）》，法律出版社 2005 年版。

[2] 崔建远："债法总则与中国民法典的制定——兼论赔礼道歉、恢复名誉、消除影响的定位"，《清华大学学报（哲学社会科学版）》2003 年第 4 期，第 73 页。

六、关于"准合同"及其类型的立法

在设计中国债法体例时,不乏建议使用"准合同"概念统筹无因管理、不当得利的观点。例如有学者为了避免无因管理、不当得利等本属于债法的内容出现在民法总则中,保持债编的独立,建议在合同分则部分利用"准合同"的概念吸纳前述两种债的原因。① 不过国内法学界较少使用这一概念。我们借着此次法国债法修订的契机,已经检讨了"准合同"概念在其发祥地的使用情况及其所含类型在债法体系中的位置。

"准合同"的概念虽有一定的概括性,但常引起不同的解读,因此在以法国为代表的大陆法系国家中逐渐被弱化,让位于"其他债之渊源",立法者更关注于明确哪些债属于这个"其他"的范畴。

在此领域,中国立法内容非常单薄,体例上也不具有体系性。《民法通则》将无因管理(第 93 条)、不当得利(第 92 条)放在一起、规范简单;采用"广义"不当得利的概念,就从他人处不当获得利益设立了一般条款,不再单独规定非债清偿(而中国学界普遍认为应当区分给付型不当得利与非给付型不当得利,并试图在理论上构建区分方法)。2016 年 6 月第十二届全国人大常委会第二十一次会议初次审议的《中华人民共和国民法总则(草案)》以及 2017 年 3 月 15 日最终通过的《民法总则》也延续了这种风格。未来中国债法如何制定,法国法对待三种渊源的体例安排与具体内容(尤其是非债清偿的立法)值得关注。

2016 年法国债法改革在民法典中设立了所谓的"其他债之渊源"单元,囊括了三种类型的准合同:无因管理、非债清偿与狭义不当得利。法国民法上的不当得利制度首次成文化、法典化。这三种制度均旨在恢复不当的(没有法律上原因的)利益变动,将其一起并列规范,不仅体现了传统大陆法系在此领域的传统,也有利于制度的分工与协调。修订后的《法国民法典》,重新界定准合同概念,突出其对利益不当变动的恢复机制;完善了无因管理和非债清偿的原有规则,如将为本人与他人共同利益进行管理明确为无因管理;在错误支付他人债务的情况下,

---

① 参见覃有土和麻昌华:"我国民法典中债法总则的存废",《法学》2003 年第 5 期,第 104 页。

允许清偿人向真正的债务人主张返还;详细规定了不当得利的消极构成要件;明晰三种准合同的界限与分工;并设立了债法上的统一返还规则。

法国经验表明,非债清偿与(狭义)不当得利无论在构成要件还是法律效果上均具有非常明显的差异。设立统一(广义)不当得利概念以吸收非债清偿的立法例,将人为地掩盖这种差异,在法律适用上、解决实际问题和理论研究时均带来不便。众所周知,区分给付型不当得利和非给付型不当得利,是德国学者根据《德国民法典》第812条第1段努力构建的方法,①也是采用不当得利一般规则的国家(如中国)或地区的学者在研究不当得利制度时的首要工作。所有的付出正是试图剥去掩盖着差异的一般规则所造成的假象。与之形成对比的是,基于同样的原因,法国二元区分主义至今仍存在在众多民法典中,且毫无被吞并的迹象和可能。②

法国债法修订,将无因管理和(狭义)不当得利、非债清偿放在一起,而未按照多数法典常见的将其与委托关系相互临近的做法。除了兼顾历史的考虑以外,这种安排体系上不乏合理性。的确,无因管理与委托非常接近。尤其《法国民法典》直接指出,无因管理人应当承担起一个受委托人所应负担的债务(第1301条)。不过二者的区别是显而易见的。首先,委托以委托人事先的同意为前提,无因管理中当事人的债务系来源于法律的直接规定。第二,委托只能以法律行为为客体;而无因管理既可以是法律行为,也可以是事实行为。第三,就制度目的而言,与委托合同比较,无因管理更应与其他准合同在一起:将不正当地(即没有原因)利益破坏恢复到平衡状态。无论我们是否采用准合

---

① 还有德国学者指出,《德国民法典》中定义不当得利的第812条第1段"是否真的是一般条款还是(规定了)两种类型,在德国法上是有争论的",但通过条文比较,尤其和1804年《法国民法典》比较,它的确是个一般条款。G. Dannemann,The German Law of Unjustified Enrichment and Restitution:A Comparative Introduction,2009,Oxford,p. 9.

② 曾受法国模式影响深远的民法典普遍坚持二元区分主义。如《意大利民法典》在第四卷"债"之下并列规范了无因管理、非债清偿、不当得利(第六章到第八章);《魁北克民法典》在"其他债之渊源"一章中分别规定了无因管理、非债清偿以及不当得利(第一节到第三节);新《荷兰民法典》在"侵权行为和合同以外其他渊源所生之债"一章分别规定了无因管理、非债清偿、不当得利(第一节到第三节)。《瑞士债务法》虽规定了广义不当得利(第一卷第一编第三章),设立了不当得利的一般条款(第62条),但同时非债清偿作为一种特殊的返还情形得以保留(第63条)。

同概念,将同类制度放在一起,可以明确它们之间的区别与联系,有利于理顺彼此关系。

此外,就具体制度建设,法国新债法通过对构成要件与法律效果的设计较好地安排了无因管理、非债清偿与不当得利之间的分工,对解决中国司法实践中遇到的问题以及未来债法制定,提供了较为成熟的经验,尤其如下几点:对非债清偿的类型化安排,对不当得利的适用在法律与道德条件上的限制,证明责任的分配以及统一规范的返还规则等。

附　录

附录一：依据《债法改革法令》修订后的
《法国民法典》（节选）

本部分节选了第三卷第三编与第四编的条文。

第二副节 以电子形式订立的合同的专门规定

第四节 制裁

第一副节 无效

第二副节 失效

第三章 合同的解释

第四章 合同的效力

第一节 合同在当事人之间的效力

第一副节 强制效力(force obligatoire)

第二副节 移转效力(effet translatif)

第二节 合同对第三人的效力

第一副节 一般规定

第二副节 作保与为他人利益订立(合同)

第三节 合同的期限(la durée)

第四节 合同的让与

第五节 合同的不履行

第一副节 不履行的抗辩

第二副节 强制实际履行(Exécution forcée en nature)

第三副节 减少价款

第四副节 解除(Résolution)

第五副节 对合同不履行所致损失的补救

第二副编 非合同责任

第一章 非合同责任的一般规定

第二章 缺陷产品责任

第三副编 其他债之渊源

第一章 无因管理

第二章 非债清偿

第三章 不当得利

第四编 债之通则

第一章 债的类型

第三编　债之渊源

第1100条　债产生于法律行为、(狭义)法律事实或法律的直接效力。

债可以产生于针对他人的道德义务(devoir de conscience envers autrui)的自愿履行或履行允诺。

第1100-1条　法律行为是旨在产生法律效果的意思表示。它们(法律行为)可以是合意的或者单方的。

依情形,就其(法律行为)有效与效力,尽可能适用有关合同的规则。

第1100-2条　(狭义)法律事实(fait juridique)①是由法律规范赋予其法律效果的事实行为或者事件。

依情形,(狭义)法律事实所生之债,受非合同责任副编或者债之其他渊源副编之规制。

第一副编　合同

第一章　编首规定

第1101条　合同是两人或多人之间旨在创设、变更、转让或消灭债之关系的合意。

第1102条　遵守法律所设定的限制,任何人皆有缔约或不缔约,选择与何人缔约以及决定合同内容与形式的自由。

合同自由不得违反关系到公共秩序的规则。

第1103条　依法成立的合同,在缔约的当事人之间,有相当于法律的效力。

第1104条　合同的磋商、订立以及履行都必须秉承善意原则。

本规定属于公共秩序条款。

第1105条　(所有类型的)合同,无论是否有其专属之命名,均适用本编所设立的一般规定。

规范某类合同的特殊规定,设置在专属于此类合同的规范中。

---

① 这里的"法律事实"是一个与"法律行为"并列的概念,而非后者的上位概念,为了突出此种关系,我们在这里加上"狭义"二字;在本译本中出现的"法律事实",如未作特殊说明,仅指此种"狭义"概念。

在没有特别规定的情况下，适用一般规定。

第1106条　合同当事人相互负担债务的合同是双务合同。

如果一人或者多人向一个或者多个他人负担债务，后者不承担对应的债务，该合同是单务合同。

第1107条　如果一方当事人从另一方当事人处获得利益（avantage），并向另一方当事人提供利益作为对价（contrepartie），此合同为有偿合同。

如果当事人中的一方为另一方谋得利益但并不期待也未获得对价，此合同为无偿合同。

第1108条　如果每一方当事人根据合同均有义务为对方谋取与自身所获利益对等的利益，则此类合同为实定合同。

如果合同当事人接受将合同的后果，即由此导致的获益或者损失，均交由某一不确定的事件所决定，则此类合同为射幸合同。

第1109条　如果合同仅凭同意之交换即可订立而无需考虑其表达方式，则此合同为意定合同。

如果合同的有效性取决于是否符合法律规定的形式，则此合同为要式合同。

如果合同的成立取决于物的交付（la remise d'une chose），则此合同为实践合同。

第1110条　协商合同（contrat de gré à gré）是指合同条款通过当事人之间自由协商而确定的合同。

附和合同（contrat d'adhésion）是指合同的通用条款（les conditions générales）未经协商而由一方当事人事先确定的合同。

第1111条　框架合同（contrat – cadre）是当事人约定未来彼此间合同关系的基本特征（des caractéristiques générales）而达成的一项协议。适用合同是（contrats d'application）详细规定框架合同的履行方式（的合同）。

第1111 – 1条　即时性履行合同的债务通过唯一的给付即可履行。

继续性履行合同表明至少有一方当事人的义务需要在合同期限内分期履行多个给付。

第二章　合同的订立

第一节　合同的成立

第一副节　协商

第 1112 条　先合同阶段的协商（谈判）（négociations précontractuelles）的启动、展开与终止皆自由。但必须满足善意原则的要求。

对于协商中因当事人过错所导致的损失的赔偿，不得以未成立合同所期待的利益（avantages）的丧失作为赔偿的对象。

第 1112 - 1 条　一方当事人知道某项对另一方具有决定性之重要意义的信息，在后者不知晓此信息属于合理（légitime）的情形下或者在后者合理地信赖缔约相对方的情况下，该当事人应当将该信息告知另一方。

尽管如此，这一告知义务不适用于对给付的价值的认定。

信息具有的决定性之重要意义是指该信息与合同的内容或者当事人的资格有着直接且必然的联系。

当事人主张相对方应当告知其某一信息的，负责证明相对方有此项义务，而负有告知义务的当事人对已经履行此义务承担举证责任。

当事人不得限制或者排除此项义务。

除了承担相应的责任以外，违反告知义务在符合第 1130 条及其后条款所规定的条件时，将导致合同无效的后果。

第 1112 - 2 条　未经授权而使用或者披露在协商过程中获取的秘密信息的，依照一般法则所确定的条件承担责任。

第二副节　要约与承诺

第 1113 条　当事人通过要约与承诺表示其受合同约束的意思（volonté），要约与承诺一致（la rencontre），合同成立。

该意思可来自于行为人的声明或者明确之行为。

第 1114 条　要约（应当）向特定的或者不特定的人作出、含有拟订立合同的实质要素且表明发出者一旦被承诺即受其约束之意思。否则，仅构成参与协商之邀请。

第 1115 条　要约在到达受要约人之前可以被自由地撤回（rétractée）。

第1116条　在要约人确定的期限届满之前,或者在没有约定期限的情况下于合理期间届满前,要约不得被撤回。

违反上述禁止性规定撤回要约的,将阻止合同的订立。

违反上述义务的要约人根据一般法则所确定的条件承担非合同责任,而不必赔偿合同期待利益的丧失。

第1117条　要约人确定的期限届满,或者在要约人没有确定期限的情况下于合理的期限届满时,要约失效。

要约人无能力或者死亡的,要约失效。

第1118条　承诺是受要约人愿意受要约条款约束之意思表示(la manifestation de volonté)。

承诺在到达要约人之前可以被自由地撤回,只要此撤回先于承诺到达要约人即可。

承诺与要约不符的,不具效力,除非它构成新要约。

第1119条　一方当事人所援引的通用条款(les conditions générales)对另一方当事人不发生效力,除非这些条款为对方当事人所知悉并接受。

当事人一方和另一方所主张的通用条款不一致时,不相容的条款没有效力。

通用条款与特别条款不一致时,优先适用特别条款。

第1120条　沉默不构成承诺,除非法律规定、惯例、商业关系或者特殊情形(circonstances particuliéres)允许之。

第1121条　合同在承诺到达要约人时成立(conclu)。承诺到达的地点推定为合同成立(conclusion)的地点。

第1122条　法律或者合同可以约定考虑期限,在其届满之前受要约人不可作出承诺的意思表示,还可以约定撤回期限,即受益人(bénéficiaire)在到期前得撤回其同意。

第三副节　优先协议和单方允诺

第1123条　优先协议(le pacte de préférence)是一项合同,它约定一方当事人负有如下的债务约束:于其决定缔结合同之时,优先向其受益人提出与之商谈的建议。

如果承诺人违反优先协议而与第三人订立合同,则受益人得就其所受损失获得赔偿。如果第三人知道存在优先协议且受益人有适用该协议之意愿,则受益人有权诉请已经成立的合同无效或者请求法官判决由其取代第三人在已经成立的合同中的地位。

第三人得以书面形式请求受益人在其所确定的合理期限内确认优先协议的存在以及受益人是否有适用该协议的意愿。

前款所列书面形式(应)记载(mentionner),除非在期限内作出回复,否则受益人不得要求由其取代第三人在已经订立的合同中的地位或者主张合同无效。

第 1124 条 单方允诺(la promesse unilatérale de contrat)是一种合同,由一方当事人,即允诺人,向另一方当事人,即受益人,承诺受益人有权决定实质要素均已确定只缺乏受益人同意的合同是否成立。

在留给受益人作出选择的期间内,单方允诺的撤销(révocation)不能阻止被允诺合同的订立。

违反单方允诺而与明知该允诺存在的第三人订立的合同,无效。

第四副节 以电子形式订立的合同之特别规定

第 1125 条 可以采用电子途径提出订立合同的条件或者提供有关财产或服务的信息。

第 1126 条 如收件人同意使用电子邮件,可以通过此种手段(向其)传送订立合同所需的信息,或者传送在履行合同过程中所提供的信息。

第 1127 条 职业从业者(professionel)提供其电子通信地址的,向其提供的信息得经过电子邮件发送。

如果这些信息必须载于表格,该表格经电子邮件提交给应填表格的人处置。

第 1127 - 1 条 任何人以职业名义通过电子途径提供财产或服务给付时,应采用可以保存并可复制的方法提出所采用的合同条件。

只要要约可以通过使之发出的电子途径进行访问,要约人就受其约束。

此外,要约应载明以下事项:

1. 为通过电子途径订立合同,后续所需的操作步骤;

2. 能够允许受要约人在合同成立前识别在取得数据资料时可能出现的错误并进行更正的技术手段;

3. 为订立合同而建议采用的语言,其中应当包含法语;

4. 在必要的情况下,要约人转存合同(archivage du contrat)的方式(les modalités)以及获取已转存合同的条件。

5. 通过电子途径查阅要约人在必要的情况下将要遵守的行业与商业规则的方式。

第1127－2条　受要约人在确认(订单)并作出最终承诺之前,应当有可能核查其订单的详情、价款总额以及更正可能出现的错误,只有这样合同才能有效成立。

要约人应当在合理期限内通过电子途径通知(accuser)对方已经收到发来的订单。

订单、对要约之承诺的确认以及收到订单的通知,从各方收件人均能获取这些信息时起,视为已经收到。

第1127－3条　经交换电子邮件地址即告成立的提供货物或服务给付合同构成第1127－1条1至5以及第1127－2条前两款规定之例外。

此外,职业从业者之间订立的合同也可以对第1127－1条1至5以及第1127－2条前两款规定作出例外约定。

第1127－4条　与订立或者履行合同有关的普通信件得经电子邮件发送。

如果电子手段符合最高行政法院法规(décret)的要求,除非有相反的证据,推定该电子手段具有可靠性(fiabilité),发送日期的签署(apposition)通过电子手段完成。

第1127－5条　与订立或履行合同有关的挂号信得经电子邮件发送,但应符合以下条件:该邮件经第三人传送,传送手段可以识别该第三人,能指明发送人,可以保障收件人身份的识别以及确定信件是否已经传到收件人。

挂号信的内容,由发送人选择,可以由第三人打印在纸张上发送给收件人或者可以通过电子途径发送。在后一种情况下,如果收件人不是职业从业者,他应当已经要求通过这种手段发送或者在此之前的往来过程中已经接受了这种做法。

在发信或者收信日期的签署（apposition）均产生于电子途径时，如此种方法符合最高行政法院法规的要求，其可靠性得到推定，有相反证据时除外。

对于收到信件的通知（avis），收信人得经电子途径或者通过其他任何可以保存该通知的手段发出。

本条的适用方式由最高行政法院法规确定。

第1127－6条　除第1125条与第1126条规定的情况外，用电子形式提交一份文书，在收件人已经可以知悉该文书并予以接受时，即为有效提交。

如果有条款规定应向收件人宣读（lire）文书，按照第1款规定的条件将电子文书传送给收件人即等于宣读。

第二节　合同的有效

第1128条　以下是合同有效的必要条件：

1. 当事人各方的同意；

2. 他们缔结合同的能力；

3. 确定且合法的内容。

第一副节　同意

第一目　同意的存在

第1129条　根据第414－1条，对于合同的有效同意必须以精神健康作为前提。

第二目　同意的瑕疵

第1130条　如果错误、欺诈以及胁迫具有如下性质：没有它们，当事人一方本不会订立合同或者会按照实质上（substantiellement）不同的条件订立合同，那么该错误、欺诈以及胁迫导致同意具有瑕疵。

它们是否具有决定性之特性，依据有关之人及作出同意的具体情形（aux circonstances dans lesquelles le consentement a été donné）判断之。

第1131条　同意的瑕疵是导致合同相对无效的原因(cause)。

第1132条　无论是对法律的认识错误还是对事实的认识错误,除了不可原谅的错误外,只要是针对应为给付的实质特性(les qualités essentielles)或者是针对合同相对人的实质特性,即构成合同无效的原因。

第1133条　给付的实质特性是指那些以明示或者默示形式约定的且当事人在缔约时考虑在内的特性。

无论错误发生在一方当事人的给付上还是另一方当事人的给付之上,都是无效的原因。

对于给付的某一特性(qualité)的某种风险的接受,排除与该特性有关的错误。

第1134条　对合同相对人的实质特性的错误,只有在合同的成立是建立在对特定人的考虑的基础之上时,才构成合同无效的原因。

第1135条　如果只是单纯的动机错误,而与给付的实质特性和合同相对人的实质特性无关,则只有在当事人明示将动机作为同意的决定性因素时,此种错误才构成合同无效的原因。

但是,若非出于对赠予的动机的错误,行为人将不会作出赠予的决定的,此时对于动机的错误构成合同无效的原因。

第1136条　价值的错误,除非是基于对给付实质特性的错误而发生,否则合同一方当事人仅是对给付作出了不正确的经济评价,并不能构成合同无效的原因。

第1137条　欺诈是一方合同订立者通过谎言或者手段(manœuvre,亦可译成"诡计")获取(obtenir)对方的同意的事实。

合同一方当事人故意隐瞒对于另一方当事人而言具有决定性质的信息同样构成欺诈。

第1138条　欺诈也可来自下列人员所为:代理人、无因管理人、一方合同订立者的职员或者作保之人。

欺诈还可能来自于事先串通的第三人(un tiers de connivence)。

第1139条　因欺诈而产生的错误总是可被原谅的;它(即该错误)构成无效的原因,即使它发生在作为标的之物的价值上或者发生在(订立)合同的简单动机上。

第 1140 条　如果一方当事人受制于一项强迫压力,由比而恐惧其人身、财产或者其近亲属面临巨大的损害(un mal),因该压力而订立合同,那么即有胁迫(的存在)。

第 1141 条　以行使权利相威胁的并不构成胁迫。除非权利的行使偏离了其目的或者被用来要挟以获得明显过分的利益。

第 1142 条　胁迫无论系合同一方当事人所为还是由第三人所为,都将构成无效的原因。

第 1143 条　如果合同的一方当事人通过滥用对方所处的依赖状态(l'état de dépendance),迫使后者承受在不受强迫的情况下本不会接受的债务约束从而使自己(即滥用对方依赖状态之人)从中获取明显过分的利益,则此种行为同样构成胁迫。

第 1144 条　无效诉权的期间,在错误或者欺诈的情况下,自错误或者欺诈被发现之日起开始计算;在胁迫的情况下,自胁迫停止之日开始计算。

第二副节　能力和代理

第一目　能力

第 1145 条　任何自然人,除非被法律宣告为无能力,均有权订立合同。

法人的能力,限于那些能够实现如其章程所规定的目的的行为,以及前述行为的从属(accessoire)行为,且应遵守有关的规定。

第 1146 条　在法律规定的范围内,下列之人均无缔约能力:

1. 没有被解除监护的未成年人;

2. 第 425 条所保护的成年人。

第 1147 条　无缔约能力是合同相对无效的原因之一。

第 1148 条　但是,任何无缔约能力之人可以单独完成法律或习惯允许其所为的日常行为,只要这些行为按照正常条件完成。

第 1149 条　由未成年人完成的日常行为可能单纯基于(因为订立的合同有失公平而)受有损害(lésion)而被主张无效(annulé)。但是,如果该损害是因为不可预见的事件(un événement imprévisible)所致则不得主张上述行为无效。

未成年人所作的单纯的成年声明，不构成宣告无效（l'annulation）的障碍。

未成年人不能逃避其在进行职业活动中所承担的债务约束。

第1150条　由受保护的成年人完成的日常行为受到第435条、第465条以及第494-9条的规制，但是并不妨碍第1148条、第1151条和第1352-4条的适用。

第1151条　有缔约能力的缔约方（Le contractant capable）可以通过证明（法律）行为对于受保护之人曾是有用的且未曾使之（因为订立的合同有失公平而）受到损害或者该行为已经惠及受保护之人，从而阻却向其提起的无效之诉（l'action en nullité）。

有缔约能力的一方也可以凭借，已取得缔约能力的相对人或者重新取得缔约能力的相对人对于已经完成的行为的确认（la confirmation），来对抗无效之诉。

第1152条　诉讼时效的起算：

1. 对于未成年人所为之行为，自其成年之日或者解除监护之日起计算；

2. 对于受保护的成年人所为之行为，自其知道且能有效地重做这些行为之日起计算；

3. 对于被监护（en tutelle）或者被托管（en curatelle）的人的继承人或者禁治产人（需家庭授权之人 habilitation familiale）的继承人，若之前未起算的自（被继承人）死亡之日起计算。

第二目　代理

第1153条　法定代理人、司法指定代理人或者约定代理人，只能在被代理人所赋予的权力（pouvoirs）范围内行事。

第1154条　若代理人在授权的范围内以被代理人的名义且为了被代理人的利益行事，则被代理人受如此订立之合同的约束。

若代理人声称为了他人的利益但却以其自己的名义行事，则代理人向合同相对人承担约束。

第1155条　若代理人的权力（le pouvoir）是由通用条款确定的，则其仅涵盖保全行为(les actes conservatoires)和管理行为。

若对代理人的权力有特别指示,则代理人只能从事其被授权范围内的行为及其从属行为。

第1156条　代理人无代理权或者超越代理权所为之行为不得对抗被代理人(inopposable),除非订立合同的第三人合理地相信代理人权力的真实性,特别是此种相信是基于被代理人的行为或者声明而产生的。

若第三人不知道(ignorait)代理人所为行为是无权代理或者越权代理的,则该第三人有权主张合同无效。

只要经被代理人承认(ratifier),不得再主张不可对抗性以及合同无效。

第1157条　如果代理人违反(détourner)权力损害被代理人的,且第三人已经知道或者处于知道代理人违反权力的情况下,被代理人可以主张代理人所为的行为无效。

第1158条　在合同订立之前,第三人对于合同代理人的权力范围有疑问的,得以书面形式请求(demander par écrit)被代理人在第三人所确定的合理期限内确认代理人有权完成该行为。

该书面请求(应)记载,若在该期限内未得到回复,则代理人被视为有权完成该行为。

第1159条　于其有效期间,法定代理或者司法指定代理的成立,使得被代理人被剥夺转移给代理人行使的权力。

约定代理,被代理人仍可行使其自己的权利。

第1160条　代理人的权力在其无能力或者被禁止的情况下即告终止。

第1161条　代理人不得为同一合同的双方当事人的利益行事,也不得为了其自身的利益与被代理人缔结合同。

否则,完成的行为无效,除非法律另有规定或者被代理人曾予以授权或承认。

第三副节　合同的内容

第1162条　合同的条款(stipulations)及其目的均不得违背公共秩序,无论后者是否为各方当事人所知悉。

第 1163 条　债以现在的或者将来的给付为客体。

它（给付）应当是可能（possible）且确定的或者可得确定的。

如果给付的范围能够从合同中推导（déduite）出来，或者能够通过参考当事人的交易习惯或之前的关系得以明确的，则给付就是可得确定的，而无需当事人对此另行重新约定。

第 1164 条　在框架合同中，当事人可以约定由一方当事人单方确定价格，但在对方提出反对的情况下，该方当事人需要证明（motiver）其确定的数额具有正当性。

如果一方当事人在确定价格时滥用权利，另一方当事人得诉请法官以获得损害赔偿且在必要的情况下得主张解除合同。

第 1165 条　在服务给付合同（les contrats de prestation de service）中，若在合同履行之前当事人没有达成协议，则可由债权人确定价格，但是在（债务人）对价格表示反对时，债权人需要证明其确定的数额具有正当性。如果债权人在确定价格时滥用权利，则（债务人）得诉请法官主张损害赔偿。

第 1166 条　如果给付的品质（qualité）未由合同确定或者根据合同不可确定，债务人应当基于给付的性质、交易习惯以及对价的数额提供符合当事人合理期待（attentes légitimes）的品质的给付。

第 1167 条　如果价款或者任何其他合同要素必须通过参考某一指数（indice）予以确定，且该指数本不存在或者现已不存在或者不能再获取，该指数由与之最为接近的指数替代。

第 1168 条　对于双务合同（les contrats synallagmatiques），给付的不对等不构成合同无效的原因，除非法律另有规定。

第 1169 条　对于有偿合同，若在合同订立时，约定的对价对于为此受债务约束的当事人而言是虚假的（illusoire）或者微不足道的（dérisoire），则该有偿合同无效。

第 1170 条　任何免除债务人实质债务的条款视作未曾写就。

第 1171 条　在附和合同中，任何导致当事人之间权利义务明显失衡的条款均视为未曾写就。

对于明显失衡之评价,既不基于合同的主要目的也不基于给付的价格是否一致。

第三节　合同的形式

第一副节　一般规定

第 1172 条　原则上合同是诺成的(consensuel)。

例外地,要式合同(contrats solennels)的有效性取决于是否遵循了法定的形式;未遵循法定形式的,要式合同归于无效(nul),除非能够对其进行补正(régularisé,或译为"弥补")。

此外,依照法律,某些合同的订立需要向债务人交付某物。

第 1173 条　具有证据效力或者可对抗性效力的形式(要件),不影响合同的有效性。

第二副节　以电子形式订立的合同的专门规定

第 1174 条　合同之有效性要求采书面形式的,文书可以采用符合第 1366 条与第 1367 条规定之条件的电子形式制作与保存;在要求采用公证文书时,可以按照第 1369 条第 2 款的规定采用电子形式制作与保存。

在要求当事人本人手书文字(mention écrite de la main)时,也可以采用电子形式签署(apposition),但采用这种形式应足以保障只能由其本人为之。

第 1175 条　对以下文书,当事人可不遵守前条之规定:

1. 有关亲属权与继承权的私署文书(actes sous signature privé①);

2. 有关人的担保或物的担保的私署文书,不论其为民事性质还是商事性质。但为职业之需要订立的文书除外。

第 1176 条　在要求纸载文书必须遵守可读性或者专门格式之特别条件的情况下,采用电子形式的文书应符合对应的要求。

在要求使用某一单独之表格时,如果通过电子手段可以登录表格并以相同途径返回该表格,即认为电子途径满足此项要求。

---

①　2016 债法改革之前的《法国民法典》(原第 1108 - 2 条)私署文书的表述为" les actes sous seing privé"。

第 1177 条　在要求发送一式多份的文书时,如果文书可以由收件人进行打印,即认为电子途径满足此项要求。

第四节　制裁

第一副节　无效

第 1178 条　欠缺有效要件的合同无效。无效由法官宣布,除非当事人以共同协议予以确认。

合同(被宣告或确认)无效(annuler)的,视为自始不存在。

已经履行的给付,依据第 1352 条至第 1352 - 9 条规定之条件,予以返还。

除了合同归于无效之外,受有损害的一方当事人,可依据非合同责任一般法则所规定的条件,对所受损害请求补救(réparation)。

第 1179 条　因违反以保护一般利益(intérêt général)为目的之规则而导致的无效是绝对无效。

因违反仅以保护私人利益(intérêt privé)为目的之规则而导致的无效是相对无效。

第 1180 条　绝对无效可由证明具有正当利益的任何人主张(demandée),也可由检察院主张。

绝对无效不能通过对合同的追认(confirmation)予以覆盖。

第 1181 条　相对无效只能由法律旨在保护之人主张(demandée)。

相对无效得以通过对合同的追认(confirmation)予以覆盖。

如果相对无效之诉的权利人为多人,其中一人的放弃并不妨碍其他人行使该诉权。

第 1182 条　追认(confirmation①)是有权主张无效之人放弃此种主张的行为(acte)。此行为应当提及债务的客体(l'objet de l'obligation)以及影响合同的瑕疵。

追认只能在合同成立之后作出。

知悉合同无效原因,仍自愿履行合同的,等同于追认。在存在胁迫的情况

---

①　Confirmation,也被译为"确认"。

下,追认只能在胁迫停止之后作出。

第 1183 条 一方当事人得以书面形式(par écrit)请求有权主张无效的另一方当事人在六个月内追认合同或者提起无效之诉,逾期失权。无效的原因应当已经停止。

书面请求(应)明确指出,在六个月期限届满之前未行使无效诉权的,将视为合同已被追认。

第 1184 条 如果无效之原因只影响合同的一个或者数个条款,只有当这一或者这些条款构成当事人一方或者双方债务约束的决定性因素时,行为才整体归于无效。

如果法律规定(仅此)条款被视为未曾写就,或者所违反的规定之目的(les fins)要求维持合同的,合同得以维持。

第 1185 条 对一项未经任何履行的合同所提起的无效之抗辩,不因时效而消灭。

第二副节 失效

第 1186 条 有效订立的合同,在其某一实质要素灭失的情形下,失效。

如果多个合同的履行对于同一交易的实现而言是必须的,那么当其中一个合同灭失(disparation)时,因为这一灭失而履行不能的合同失效;一方当事人曾以该灭失合同的履行作为同意(缔约)之决定性条件的合同失效。

但是,主张合同失效,须以另一方在作出同意(意思表示)时知道整体交易(opération d'ensemble)的存在为前提。

第 1187 条 失效使合同终止(fin)。

合同失效若导致返还的发生,适用第 1352 条至第 1352 – 9 条的规定。

第三章 合同的解释

第 1188 条 合同解释依据当事人的共同意图(la commune intention),而不(应)仅停留在词句的字面意思上。

如果无法查明该意图,则应当按照一个理性之人处于相同情境下所赋予的意思解释合同。

第 1189 条 合同的所有条款相互解释,赋予每个条文的意义(应)恪守整个行为之协调性。

如果依照当事人的共同意图,多个合同共同协作于同一交易,那么应根据该整体交易解释这些合同。

第 1190 条 有疑义时,对于(经过当事人协商订立的)协商合同(contrat de gré à gré)的解释应当不利于债权人而有利于债务人,对于附和合同的解释则不利于合同的提出者。

第 1191 条 若某一条款可有两种意思,能使其产生某项效力的意思优于不生任何效力的意思。

第 1192 条 不得对清晰且明确的条款进行解释,以免破坏其性质。

第四章 合同的效力

第一节 合同在当事人之间的效力

第一副节 强制效力(force obligatoire)

第 1193 条 只有经当事人彼此同意或者基于法律规定的原因,合同才可以被修改或者撤销。

第 1194 条 合同不仅依其明示产生义务,还将基于公平、习惯或者法律规定产生附随义务。

第 1195 条 如果出现了合同成立时所无法预见的情事变更,导致一方当事人的履行所需花费过分巨大,且该方当事人并未曾接受承担此种风险,则该当事人有权请求合同相对人就合同重新协商。但是在协商期间该当事人应当继续履行其债务。

如果(相对人)拒绝重新协商或者重新协商失败,双方当事人可以协议于共同确定的日期、依照共同确定的条件解除合同,或者协商一致请求法官修改合同。若当事人无法在合理期限内达成合意,经一方当事人请求,法官得修改合同或者按照其确定的日期及条件终止(fin)合同。

第二副节 移转效力(effet translatif)

第 1196 条 合同以所有权的转让(aliénation)或者其他权利的让与(cession)为标的的,移转(transfert)于合同成立时即告完成。

此项转移可因当事人的意思、法律的规定或者物的性质而推迟。

物之风险随所有权移转而移转。但是,根据第 1344 - 2 条之规定,负有交付义务的债务人经催告(mis en demeure)后即由其承担物之风险,第 1351 - 1 条所规定的情形不在此限。

第 1197 条　负有交付物的债务(人)在交付之前负有保管义务,应尽理性之人(une personne raisonnable)的全部注意。

第 1198 条　如果同一有体动产先后有两个继受人(acquéreur)且他们各自所持权利(droit)均从同一人处取得,则先取得占有者为先,即便其取得权利在后,只要其是善意的即可。

如果同一不动产之上先后有两个继受人且他们各自所持权利均来源于同一个人,则应当以首先在不动产登记处对其经公证的继受凭证(titre d'acquisition)予以公示者为先,即便其取得权利在后,只要其是善意的即可。

第二节　合同对第三人的效力

第一副节　一般规定

第 1199 条　合同只在当事人之间创设债务(crée d'obligations)。

第三人既不得主张合同履行也不得被强迫履行合同,本节另有规定及第四卷第三章另有规定者除外。

第 1200 条　第三人应当尊重合同所创设的法律状态。

特别是为了证明某一事实(fait)时,第三人得援引合同。

第 1201 条　当事人订立了一个表面(apparent)合同(用于)隐藏一份隐匿(occulte)合同的,该隐匿合同,也被称作秘密附约(contre - lettre),仅在当事人之间发生效力。其不得对抗第三人,但是第三人得主张之。

第 1202 条　在司法助理职位(office ministériel)转让合同中为了抬高价格而约定的秘密附约全部无效。

合同目的是为了隐瞒不动产、营业资产或客户资源、租赁权转让的部分价款,或者隐瞒不动产租赁允诺收益的部分价款,或者隐瞒不动产、营业资产或客户资源的互易或分割的补足金额之全部或部分,合同全部无效。

第二副节　作保与为他人利益订立（合同）

第 1203 条　任何人只能以自己的名义为自己设立债务约束。

第 1204 条　任何人可就第三人的行为作出允诺保证（se porter fort，即"作保"）。

该行为由第三人完成时，允诺人免除全部债务。在相反的情况下，允诺人负责损害赔偿。

当作保协议（le porte – fort）以（第三人）认可某债务约束为内容，该项约束溯及既往从作保协议签订之日起有效。

第 1205 条　任何人得为他人订立（合同）。

合同一方当事人即指定人（le stipulant），可以使得另一方当事人即允诺人（le promettant）作出允诺，为第三人即受益人（le bénéficiaire）之利益完成给付。该第三人可以是未来之人，但是应当被明确指明或者在承诺履行时可得确定。

第 1206 条　自指定（stipulation）时起，受益人就被赋予（investi）了请求允诺人履行给付的直接权利。

但是，只要受益人没有接受这一约定，指定人就可以自由地将其撤销。

自第三人的接受（acceptation）到达指定人或者允诺人时起，指定不可撤销。

第 1207 条　撤销只能由指定人或者，于其死亡之后，其继承人行使。继承人只能自他们催告受益人予以接受之日起满三个月以后行使之。

撤销且没有另行指定新的受益人的，根据情况，撤销惠及指定人或者其继承人。

自第三受益人或者允诺人知道（撤销）时起，撤销发生效力。

如果撤销系通过遗嘱方式进行的，该撤销于死亡时生效。

最初指定的第三人被视为未曾从为其利益的指定中获益。

第 1208 条　接受可以由受益人作出，或者在其死后由其继承人作出。接受可以是明示的或者默示的。接受也可以在指定人或者允诺人死亡后作出。

第 1209 条　指定人本人可以请求允诺人向受益人履行其债务约束。

第三节　合同的期限(la durée)

第1210条　禁止无期限的债务约束。

任何一方当事人都可以依照有关无固定期限合同的规定终止无期限的债务约束。

第1211条　如果合同成立时没有确定的期限,任何一方当事人均可随时终止合同,但必须按照合同约定的期限提前通知对方,没有约定的,应当在合理期限内通知。

第1212条　如果合同成立时有确定的期限,任何一方当事人都必须履行合同直到期限届满。

任何人不得主张合同(已)续订(le renouvellement)。

第1213条　如果合同当事人在期限届满之前表示了延长期限的意愿,则合同(期限)可以被延长。合同期限延长不得损害第三人的利益。

第1214条　固定期限的合同得根据法律的规定或者当事人的合意进行续订(renouvelé)。

合同的续订将产生一份新的合同,该新合同的内容与之前的合同一致但是期限并不确定。

第1215条　固定期限合同的期限届满,当事人继续履行该合同义务的,视为合同的默示展期(tacite recondition)。默示展期将产生与合同续订同样的效力。

第四节　合同的让与

第1216条　合同的一方当事人,即出让人(cédant),在取得合同相对人,即出让相对人(cédé),同意的情况下,可以将其合同当事人的资格转让给第三人,即受让人(cessionaire)。

该同意可以提前作出,特别是在未来的出让人和出让相对人之间所订立的合同中,在这种情况下,只要出让人与受让人之间订立的合同已经通知出让相对人或者已经由出让相对人确认的(prendre act),则合同的让与对出让相对人有约束力。

合同的让与应当以书面形式证明,否则让与无效。

第1216-1条　如果出让相对人明示同意（出让人向未来不再受合同约束），则合同的让与使得出让人向未来不再受合同约束。

否则，除非有相反的条款约定，出让人对合同的履行承担连带责任。

第1216-2条　受让人得援引该债务固有的抗辩对抗出让相对人，比如无效、不履行抗辩、解除或者关联之债的抵销。但是不得援引专属于出让人个人的抗辩（les exceptions personnelles）对抗出让相对人。

出让相对人得援引所有能够对抗出让人的抗辩来对抗受让人。

第1216-3条　如果出让人没有摆脱对出让相对人的债务负担，原担保得继续有效。在相反的情况下，第三人提供的担保只有取得其同意才能继续有效。

如果出让人摆脱了债务约束，其连带共同债务人仍需承担（扣减掉出让人应承担部分后）剩余的债务。

第五节　合同的不履行

第1217条　应当向一方当事人履行的债务约束没有被履行，或者没有被全面履行的，该方当事人可以：

－拒绝履行或者中止履行其自身的债务；

－寻求（poursuivre）强制实际履行该债务；

－要求（solliciter）减少价款；

－主张（provoquer）合同解除；

－请求（demander）补救因不履行造成的后果（réparation des conséquences de l'inexécution）。

非不相容的制裁方式（sanctions）可以并存；损害赔偿总是能够和其他制裁手段并用。

第1218条　合同领域的不可抗力是指，非债务人所能控制的、在合同成立时不能合理预见的、其后果无法通过适当的方式（des mesures appropriées）予以避免的、并阻碍（empêcher）债务履行的事件。

如果因不可抗力所导致的履行障碍（l'empêchement）是暂时的，债务履行中止，除非因此所导致的迟延构成合同解除的正当理由（justifie la résolution du contrat）。如果上述履行障碍为终局性的（définitif），合同当然地被解除，当事人在满足第 1351 条及第 1351 - 1 条规定的条件下不再负担债务。

第一副节　不履行的抗辩

第 1219 条　如果一方当事人没有履行其债务且该不履行足够严重（suffisamment grave），那么另一方当事人得拒绝履行自己的债务，即使该债务履行期已经到来（exigible）。

第 1220 条　如果情况表明即使合同期限届满一方当事人也将不履行其债务且该不履行的后果对于另一方当事人而言足够严重，该另一方当事人得中止履行其债务。该履行中止应当尽快（les meilleurs délais）通知（合同相对人）。

第二副节　强制实际履行（Exécution forcée en nature）

第 1221 条　一项债务的债权人，在进行催告之后可以寻求（poursuivre）债务的实际履行（l'exécution en nature），除非该履行不可能或者该履行将导致债务人为之付出的花费和债权人所取得收益之间不成比例。

第 1222 条　在进行催告之后，债权人还可以在合理的期限内以合理的花费，自行履行债务，或者根据法官的预先授权（autorisation préalable），消除债务违反所造成的（不利）。该债权人可以请求债务人补偿为实现上述目的而付出的费用。

债权人得请求法院裁判由债务人先行支付前述履行或者消除不利影响（destruction）所必需的费用。

第三副节　减少价款

第 1223 条　在进行催告之后，债权人还可以接受不全面的履行并据此要求（solliciter）合比例地减少价款。

如果尚未支付价款，债权人应尽快（les meilleurs délais）通知（债务人）其减少价款的决定。

第四副节　解除(Résolution)

第1224条　解除或来源于解除条款的适用,或者在债务不履行足够严重(inexécution suffisamment grave)的情况下,来源于债权人对债务人作出的通知,或者来源于司法裁判(une décision de justice)。

第1225条　解除条款(clause résolutoire)应当明确约定不履行某项债务约束将会导致合同的解除。

只有经催告仍无效果的才能解除合同,除非(当事人)曾约定解除可因单纯不履行的事实而发生。催告应明确提及解除条款,否则不发生效力。

第1226条　债权人可以以通知的形式解除合同,(但因不当解除导致的)风险和不利后果由其承担。债权人应当先行催告违约的债务人在合理期限内履行其合同义务,情况紧急的除外。

催告必须明确提出,除非债务人履行其应尽义务,否则债权人将行使解除合同的权利。

如果不履行的状态持续,则债权人得通知债务人解除合同并说明理由。

债务人得随时求助于法官对合同解除表示异议。债权人应当证明不履行的严重性。

第1227条　任何情况下,都可以通过司法途径主张(合同)解除。

第1228条　根据具体的情形,法官可以确认(constater)或者宣告(合同)解除,可以命令履行合同并在必要时给予债务人一定的履行期限,也可以仅判以(allouer)损害赔偿。

第1229条　解除使合同终止(fin)。

根据情况,合同解除在满足解除条款约定的条件时生效,或者在债权人作出的通知被债务人收到时生效,或者于法官确定的日期生效,法官没有确定日期的,于司法传唤之日(l'assignation en justice)起生效。

如果只有被解除的合同全面履行才能体现交换的给付之价值,则双方当事人应当将彼此间从对方处所获得的利益全部予以返还。如果交换的给付之价值已经逐步随着合同的相互履行而得以体现,则就最近一次尚未获得其对价的给付之前的阶段,不需要返还;在这种情况下,合同的解除即被视为仅向将来的解除(résiliation)。

返还适用第 1352 条至第 1352 - 9 条的规定。

第 1230 条　解除不影响有关争议解决的条款,也不影响旨在于解除情况下产生效力的条款,例如保密条款以及禁止竞争条款。

第五副节　对合同不履行所致损失的补救

第 1231 条　除非不履行是终局性的,否则只有债务人已被催告于合理期限内履行(其应尽义务)后,(债权人)才得请求损害赔偿。

第 1231 - 1 条　债务人应当支付因债务不履行或者履行迟延而导致的损害赔偿,除非债务人能证明该履行障碍是由不可抗力所导致。

第 1231 - 2 条　原则上,债权人得请求的损害赔偿包括其遭受的损失和被剥夺的收益,下述的例外和修正除外。

第 1231 - 3 条　债务人只负担于合同订立时已经预见或者能够预见的损害赔偿,除非不履行是基于债务人的重大过错或者欺诈过错(une faute lourde ou dolosive)。

第 1231 - 4 条　如果合同的不履行是由债务人的重大过错或者欺诈过错导致的,损害赔偿只包括不履行的直接和立即的后果。

第 1231 - 5 条　如果合同约定没有履行合同的一方当事人将以损害赔偿为名支付一定数额的金钱,则另一方当事人因此获得的数额不得多于或者少于该约定数额。

但是,如果当事人曾经约定的违约金(la pénalité)数额明显过高或者过低的,法官可以依据职权减少或者增加该笔违约金的数额。

如果债务约束只有部分被履行的,法官同样可以依职权,按照债权人从部分履行中所获利益的比例,减少约定的违约金(la pénalité)的数额,且前款之适用不因此受有影响。

任何与上述两款规定相抵触的约定均被视为未曾写就。

除非合同的不履行是终局性的,否则只有对债务人进行了催告才能主张违约金。

第 1231 - 6 条　因迟延支付一定数额的金钱债务而导致的损害赔偿构成按法定利率计算之利息,该利息自催告时起计算。

主张上述损害赔偿，债权人无需证明其受有损失。

迟延债务人（en retard）的恶意对债权人造成独立于该迟延的损失的，债权人可以获得与迟延利息（intérêts moratoires）相区别的损害赔偿。

第 1231 - 7 条　在任何诉讼中，判处支付赔偿金，均引起按照法定利率计算利息，即使并未提出此项请求或者判决并无此项特别规定，亦同。除法律有相反规定外，利息自判决宣告起开始计算，法官另有决定时，不在此限。

如果上诉法官对决定给予补救损害赔偿金的（一审）判决予以完全之确认，赔偿金当然按照法定利率计算利息，此种利息自一审法院判决作出时起计算；其他情形，上诉审决定给予的赔偿金，自上诉法院判决作出时起计算利息。上诉法院法官始终可以不依本款之规定进行裁判。

第二副编　非合同责任

第一章　非合同责任的一般规定

第 1240 条　任何因其过错对他人造成损害的行为人都有义务对损害进行补救。

第 1241 条　任何人不仅对其行为所造成的损害承担责任，对其疏忽（negligence）或轻率（imprudence）所造成的损害也应承担责任。

第 1242 条　任何人不仅对其自己行为所造成的损害承担责任，而且对由其所负责的他人的行为或管理下的物品所致损害也应承担责任。

但是，不动产之一部分或全部发生火灾或者动产发生火灾的，其持有者（détenir），无论名义如何，无须对第三人因此火灾而造成的损害承担责任，除非得以证明该持有者本人或其应负责任之人对火灾具有过错。

所有权人与承租人之间的关系不适用前款的规定，而应适用民法典第 1733 条、第 1734 条的规定。

在行使亲权期间，父母对与其共同居住的他们的未成年子女所造成的损害承担连带责任。

主人对佣人、指派人（commettant）对被指派人（préposé）在完成雇佣职务时所造成的损害承担责任。

教育者（instituteurs）与师傅（artisan）对监督（surveillance）期间其学生或学

徒所造成的损害承担责任。

父母或者师傅如能证明他们不能阻止导致承担此种责任的行为的发生，则不承担责任。

对于教育者(的责任)，在诉讼中，请求人应当证明教育者对致害行为具有过错、轻率或疏忽。

第 1243 条　动物所有权人，或者使用动物之人在使用期间，对处于其看管(guard)之下的或者丢失、逃跑的动物所造成的损害承担责任。

第 1244 条　建筑物的所有权人，对因建造瑕疵或者维护缺失所造成的坍塌(ruine)导致的损害承担责任。

第二章　缺陷产品责任

第 1245 条　生产者对因其产品缺陷(défaut)所造成的损害承担责任，无论其是否通过合同与受害人发生联系。

第 1245 - 条　本章规定适用于对人的侵害所造成的损害的补救。

本章规定也适用对缺陷产品以外的其他财产的侵害所造成的、超过法规(décret)所定数额的损害的补救。

第 1245 - 2 条　(本章所规定的)产品系任何动产，即使动产已添附在不动产中也属于产品，出产于土地、畜牧、狩猎和捕捞的产品属于产品。电力被视为产品。

第 1245 - 3 条　本章所称的产品有缺陷是指其不能提供人们可以合理期待的安全性。

在评价可以合理期待的安全性时，应当考虑所有情形，尤其是产品的表现、可以合理期待的用途及其进入流通的时间。

仅因在其之后有更完善的产品进入流通，该产品不得被认为是具有缺陷的。

第 1245 - 4 条　产品自生产者故意转移占有(s'en est dessaisi)之时，进入流通。

产品进入流通只能发生一次。

第 1245 - 5 条　本章所规范的生产者系具有经营者的身份的，最终产品的制造者、原料的生产者、部分构件的制造者。

任何人以经营者的身份，从事下列行为的，也属于适用本章所规定的生产者：

1. 对产品添加其姓名、品牌或者其他具有特色标志的，且以生产者自称的。

2. 为了出卖，为了租赁而无论是否有出卖允诺，或者为了任何形式的销售，将某一产品进口到欧洲共同体的。

依据第 1792 条到第 1792－6 条以及第 1646－1 条之规定可被追究责任的人，不被视为生产者。

第 1245－6 条 在生产者无法被确定的情况下，销售者、出租者但不含融资租赁方或者与之相类似的租赁方、或者任何其他专业供货者，按照与生产者相同的条件，对产品的安全缺陷承担责任，除非其自受害人告知请求之日起三个月内指出其自身的供货者或生产者。

供货者向生产者追偿应遵守与缺陷直接受害人所提请求相同的规则。但供货者应当自司法传唤之日起一年内行使。

第 1245－7 条 损害系由于添附在其他产品中的某产品的缺陷造成的，该构成部件的生产者以及实现添附之人承担连带责任。

第 1245－8 条 请求者应当证明损害、缺陷以及缺陷与损害之间的因果关系。

第 1245－9 条 即使产品系按照现行规定或者工艺规范制造的或者得到行政授权的，亦可要求生产者对缺陷承担责任。

第 1245－10 条 生产者当然承担责任，除非能证明：

1. 未将产品投入流通；

2. 根据情形，生产者将产品投入流通时造成损害的缺陷并不存在或者该缺陷系后来出现；

3. 产品不是用于出卖或者任何其他形式的销售之目的；

4. 产品进入流通时的科学技术无法发现缺陷的存在；

5. 或者缺陷系产品符合法律或法规的强制性规定所必须的。

构成部件的生产者如能证明缺陷归责于采用该构成部件之产品的设计或

者归责于产品制造者所给出的指示,不承担责任。

第1245 – 11 条　如果损害系由于某种人体成份或者由于利用人体制造的产品所造成的,生产者不能主张第1245 – 10 条第 4 项规定的免责原因。

第1245 – 12 条　如果损害系由于产品缺陷和受害人过错或者受害人应对其负责之人的过错共同造成的,考虑全部的情形,可以减少或者免除生产者的责任。

第1245 – 13 条　生产者对受害人的责任不因第三人促成了损害的发生而有所减少。

第1245 – 14 条　禁止订立旨在排除或限制缺陷产品责任的条款,此类条款被视为没有订立。

但遭受损害的财产不是主要由受害人为了其个人消费或使用的,经营者之间订立的此类条款有效。

第1245 – 15 条　除非生产者有过错的,本章所规定的生产者责任,自实际造成损害的产品进入流通时起满十年的,消灭,除非在此期间内,受害人已经提起了诉讼。

第1245 – 16 条　依据本章规定提起的补救诉权的诉讼时效为三年,自请求者对损害、瑕疵以及生产者身份知道或者本应知道之日起计算。

第1245 – 17 条　本节规定不影响受害人依据合同责任或者非合同责任或者其他特殊责任制度提出请求的权利。

生产者仍对其过错的后果以及其应当负责任之人的过错的后果承担责任。

第三副编　其他债之渊源

第1300 条　准合同是完全自愿之行为,由此给本无权利获取利益却获得利益之人产生义务,有时行为人也对他人负有义务。

本副编所规范的准合同有无因管理、非债清偿和不当得利。

第一章　无因管理

第1301 条　于事务之本人不知或者没有反对的情况下,本不负有义务但有意地且有益处地（utilement）管理他人事务之人，在完成管理的法律行为或者事实行为的过程中，负有一名受委托人所负担之全部债务。

第1301－1条 管理人管理事务应尽合理之人的全部注意义务；管理人应当持续管理事务直到事务之本人或其继承人能够亲自管理时为止。

根据实际情况，法官可以降低管理人因其过错或者过失而应向本人承担的赔偿金额。

第1301－2条 其事务已被有益（utilement）管理之人，应当履行管理人为其利益所签订的债务。

他（应当）清偿管理人为其利益而支出费用，赔偿管理人因管理其事务而遭受的损害。

管理人预先支付的金额，自支付之日起计算利息。

第1301－3条 本人对管理予以承认的，为委托关系。

第1301－4条 管理人承担管理他人事务并具有个人利益的，不排除适用无因管理规则。

在此情况下，负担的债务以及费用按照各自在共同事务中的利益比例分担。

第1301－5条 如果管理人的行为不满足无因管理的要件，但对该事务之本人有利，该事务之本人应当根据不当得利的规则偿付管理人。

第二章 非债清偿

第1302条 清偿须以债务为前提；所收为本不应清偿者，应予返还（restitution）。

自愿清偿自然之债的，不得主张返还。

第1302－1条 由于错误或者有意地（sciemment）接收本不应当向其清偿的，应当向清偿之人返还之。

第1302－2条 如果因为错误或者被强迫而清偿他人债务的，可诉请债权人返还，除非该债权人在清偿以后销毁了其凭证或者放弃了债权担保。

在错误支付他人债务的情况下，清偿人也可向真正的债务人主张返还。

第1302－3条 返还适用第1352条到第1352－9条的规则。

过错导致清偿的,可减少返还(数额)。

第三章　不当得利

第1303 条　在无因管理和非债清偿以外的情形,不当获得利益致使他人受有损失的,应以获益与受损二者中金额较少者为限,偿付(indemniter)因此受损之人。

第1303 - 1 条　当获益既非来自于受损人对一项债务的实现,也非来自于他的赠与意图,获益是不当的(injustifié)。

第1303 - 2 条　如果损失来自于受损人为追求个人利益而完成的行为,不偿付。

如果损失来自于受损人的过错,法官可以降低偿付(数额)。

第1303 - 3 条　受损人如果享有另外一项诉权,或者该诉权遇到时效等法律上的障碍,不得以此(不当得利)为基础行使诉权。

第1303 - 4 条　就耗费之日所查实的损失,就请求之日所存在的获益,于判决之日(的价值)进行评估。

受益人为恶意的,偿付(数额)应等同于获益与损失二者中价值较高者。

第四编　债之通则
第一章　债的类型
第一节　条件之债

第1304 条　取决于某一未来且不确定之事件的债为附条件之债。

条件的成就(accomplissement)将使得债变成无条件(的普通)之债的,该条件为延缓条件。

条件的成就将导致债溯及既往消灭的,该条件为解除条件。

第1304 - 1 条　条件应当合法。否则,(附此条件之)债无效。

第1304 - 2 条　合同之债约定所附条件的实现单纯取决于债务人之意思的,该合同之债无效。知悉该条件并已履行债务的,不得主张无效。

第1304 - 3 条　当事人为其利益阻止延缓条件成就的,视为该条件已成就。当事人为其利益促成解除条件成就的,视为该条件不成就(défaillance)。

第1304-4条　条件尚未成就的,当事人可自由放弃为其利益单独设定的条件。

第1304-5条　在延缓条件成就之前,债务人应不为任何阻碍债务恰当(bonne)履行的行为;债权人可以采取所有保全行为以及起诉债务人为欺诈其权利而完成的行为。

于延缓条件未成就时,已经清偿的部分可被索回(répété)。

第1304-6条　自延缓条件成就时起,(附此条件之)债成为无条件(的普通)之债。

但是,当事人可以约定,条件的成就溯及至合同(成立)之日。在条件成就前,作为债之客体的物的风险由债务人负担,债务人保留管理以及收益权利。

于条件不成就(défaillance)之时,视为债未曾存在过。

第1304-7条　解除条件成就,债溯及既往地消灭,但若存在保全行为与管理行为,它们不受影响。

当事人约定不溯及既往的,从其约定;交换的给付之价值已经逐步随着合同的相互履行而得以体现的,不溯及既往。

第二节　附期限之债①

第1305条　如果可以请求履行债务的时间(exigibilité"可要求履行性")被推迟至某一未来确定会发生的事件的到来,即使具体日期无法确定,此债为附期限之债。

第1305-1条　期限可以是明示的或者暗示的。

当事人没有达成合意的,法官可以根据债的性质以及当事人的状态,确定期限。

第1305-2条　期限到期始应履行的给付,在到期(échéance)之前,不得被要求履行;但是已经提前清偿的,不得被索回(répéter)。

第1305-3条　期限(应)有利于债务人,除非法律另有规定、当事人另有

---

①　本节仅规定了"附生效期限之债"。

约定或者情况表明期限系为债权人利益或者当事人双方利益所设立。

独享期限利益的一方当事人可以不经另一方当事人的同意而放弃之。

第 1305 - 4 条 债务人不提供允诺给债权人的担保或者削减对其债务的担保的,不得主张期限利益。

第 1305 - 5 条 无论是否是连带债务,某一债务人的期限利益的丧失(déchéance)不可对抗其他共同债务人。

第三节 复数之债(Obligation plurale)

第一副节 标的复数之债

第一目 合并之债(obligaton cumultative)

第 1306 条 合并之债以多个给付为客体,债务人只有履行了所有的给付才可摆脱债务负担。

第二目 选择之债

第 1307 条 选择之债以多个给付为客体,债务人履行任一给付即可摆脱债务负担。

第 1307 - 1 条 给付的选择(权)属于债务人。

如果在约定时间内或者在合理时间内,债务人没有进行选择,另一方当事人在催告以后可以行使选择(权)或者解除合同。

已经作出的选择是终局性的,债因此失去可选择性。

第 1307 - 2 条 所选择的给付因不可抗力而履行不能的,债务人即摆脱债务负担。

第 1307 - 3 条 债务人未使对方知悉其选择的,若某一给付已成为不可能,(债务人)应当从其他给付中择一履行。

第 1307 - 4 条 债权人未使对方知悉其选择的,若某一给付因不可抗力而履行不能的,债权人仅限于从其他给付中选择。

第 1307 - 5 条 只有所有的给付皆因不可抗力而成为不可能的,债务人才摆脱债务负担。

第三目　任意之债

第1308条　任意之债以某个确定给付为客体,但是债务人有权决定提供另外一个给付以摆脱债务负担。

最初约定的给付履行因不可抗力而成为不可能的,任意之债消灭。

第二副节　多数人之债

第1309条　关联多个债权人或关联多个债务人的债,在他们之间,是当然可分的。在他们的继承人之间,即使债本身是连带之债,亦然。除非法律另有规定或者合同另有约定,份额均等。

每个债权人仅对共同债权中属于他的部分享有权利,每个债务人仅对共同债务中属于他的部分承担义务。

就债权人与债务人之间的关系而言,在连带之债或者给付不可分之债的情况下,则不可分。

第一目　连带之债

第1310条　连带须是法定的或约定的;不得推定。

第1311条　每个连带债权人均可要求和接收对全部债权的清偿。对任一连带债权人的清偿,使得债务人摆脱对所有债权人的债务负担;该债权人应向其他债权人报账。

在未被任何连带债权人主张清偿的情况下,债务人可以向任一连带债权人清偿。

第1312条　任一连带债权人中止(suspendre)或中断(interrompre)诉讼时效的行为,惠及其他债权人。

第1313条　每个连带债务人均须对全部债务负责。任一连带债务人的清偿使得全体连带债务人摆脱对债权人的债务负担。

债权人有权选择连带债务人进行清偿。对任一连带债务人主张清偿不妨碍债权人对其他人采取同样的方式。

第1314条　向任一连带债务人主张利息请求的,对全体连带债务人开始计算利息。

第1315条　被债权人主张清偿的债务人,得以他个人的抗辩事由以及所有共同债务人共同的抗辩事由对抗债权人,例如无效、解除。债务人不得以其他共同债务人个人的抗辩事由对抗债权人,例如期限的授予(l'octroi)。但是,若某个共同债务人个人的抗辩事由曾使得其债务份额消灭的,例如在债务抵销或免除的情况下,其他被主张清偿的债务人可以此为理由主张从全部债务中扣除此份额。

第1316条　债权人接收了某一连带债务人的清偿,并同意免除该债务人与其他债务人的连带关系的,仍保有对其他债务人的债权,但应扣除该债务人的债务份额。

第1317条　连带债务人之间仅对各自的份额负责。

超过其份额进行清偿的债务人,可以向其他连带债务人依照他们各自的比例进行追偿(recours)。

第1318条　如果导致债务(发生)的事件仅涉及某个连带债务人,仅该债务人对其他人债务人承担债务。如果他已完成清偿,不得向其他共同债务人主张追偿。其他共同债务人已经清偿的,有权向其追偿。

第1319条　共同连带债务人对债务不履行承担连带责任。对不履行具有可归责性的共同债务人承担最终的责任。

第二目　不可分之债

第1320条　给付不可分之债的每个债权人,依据情形与合同性质,均可以要求以及接收全部清偿,但应当向其他债权人报账;但他不得独自处理债权,也不得放弃接收物而仅接收价款。

给付不可分之债的每个债务人对全部债务负责;但是他有向其他债务人依照比例进行追偿的权利。

对于上述债权人以及债务人的继承人,亦然。

第二章　债的运转(也可译为"债的回收")

第一节　债权让与

第1321条　债权让与(合同)是债权人以有偿或无偿的名义将其对债务

人享有的全部或者部分债权转让给第三人的合同。债权人被称为债权出让人（le créancier cédant），第三人被称为受让人（cessionnaire）。

现在的或未来的，确定的或可得确定的，一个或多个债权，均可让与。

债权让与，债权的从属部分从之。

债权让与无需债务人的同意，除非债权被约定为不可让与的债权。

第 1322 条　债权让与应当采用书面形式，否则无效。

第 1323 条　在（债权让与合同的）当事人之间，债权于文书作成之日转移（le transfert）。

自此时起，转移可以对抗第三人。在受到质疑的情况下，让与日期由受让人负责举证，他可以采取所有的证明方式。

但是，无论是在当事人之间还是对于第三人而言，未来债权的转移发生于该债权产生之日。

第 1324 条　除非债务人已经同意债权让与，否者，债权让与只有在通知过债务人或者债务人已确认（prendre act）此行为的情况下，才可对抗债务人。

债务人可以向受让人主张全部债务固有的抗辩，包括无效、债务不履行的抗辩、解除或者关联债务（dettes connexes）的抵销。他同样可以主张，在债权让与成为可对抗该债务人之前的、他与债权出让人的关系中所生之抗辩，例如，期限的授予（l'octroi），债务的免除或者非关联债务（dettes non connexes）的抵销。

出让人与受让人对债权让与可能引发的、债务人不应预付的额外费用承担连带责任。除非另有约定，此类费用由受让人负担。

第 1325 条　同一债权相继有多个受让人主张的，日期最先者优先；他有权对债务人已为清偿之人进行追偿。

第 1326 条　有偿出让债权之人应当担保债权及其从属部分的存在，除非受让人自愿承担风险地获得该债权或者已知悉该债权的不确定性特点。

仅于有特别约定之情形，债权人对债务人的清偿能力负责，且以其从债权让与中获得的价款为限度。

如果债权人已经担保债务人的清偿能力，该担保应仅限于对现在（债权让与时）的清偿能力的担保；除非出让人特别明示担保及于债务到期（à l'échéance）时的清偿能力。

第二节 债务让与

第 1327 条 经债权人同意,债务人可以让与其债务。

第 1327 - 1 条 无论债权人事先是否同意(债务)让与,均自债权人被告知或者已注意到(prendre act)债务让与行为之日起,债务让与可以对抗债权人,债权人可以主张该债务让与。

第 1327 - 2 条 经债权人明示同意,最初债务人(le débiteur originaire)向将来摆脱债务负担。否则,除非另有约定,原债务人对债务清偿承担连带责任。

第 1328 条 债务承让人(le débiteur substitué),以及仍承担连带责任的最初债务人,可以向债权人主张债务所固有的抗辩,例如无效、债务不履行的抗辩、解除或者关联债务的抵销。他们各自也可以主张专属个人的抗辩对抗债权人。

第 1328 - 1 条 最初债务人未被债权人解除债务负担的,担保继续存续。在相反的情况下,第三人提供的担保仅在提供者同意的情况下继续存在。

(债务)出让人被债权人解除债务负担(décharger),其连带共同债务人对扣除其债务的剩余部分负责。

第三节 更新(La novation)

第 1329 条 更新(合同)是创设一项新债务替代(substituer)并消灭一项债务的合同。

更新可以是当事人不改变而仅债务发生替代(substitution),也可以是债务人或者债权人发生替换(changement)。

第 1330 条 更新不得推定;采用更新的意思应能从行为中清晰地得出。

第 1331 条 只有旧债务(l'obligation ancienne)与新债务(l'obligation nouvelle)均为有效的情况下发生更新,但旨在以有效的债务负担(engagement)替代有瑕疵的债务负担的除外。

第 1332 条 有关替换债务人的更新,不需要原债务人的参与。

第 1333 条 有关替换债权人的更新,须取得债务人的同意。该债务人可以事先接受由原债权人指定新债权人(的做法)。

自行为(生效)之日起,更新可以对抗第三人。对于更新日期有争议的,新债权人负责举证,他可以采取所有的证明方式。

第1334条　旧债的消灭及于全部的从属部分。

作为例外,在第三担保人同意的情况下,原担保可以用于担保新债。

第1335条　债权人与某一连带共同债务人约定的更新,使得其他人摆脱债务负担。

债权人与保证人约定更新的,主债务人不因此摆脱债务负担。其他保证人以该更新所涉债务部分为限摆脱债务负担。

第四节　代为承担(La délégation)

第1336条　被承担人(le délégant)从承担人(le délégé)处获得的、该承担人向接受其为债务人的第三人承担债务,即为代为承担。该第三人也被称为接受人(le délégatoire)

除非另有相反约定,承担人不得基于他与被承担人关系的抗辩或者基于被承担人与接受人关系的抗辩对抗接受人。

第1337条　被承担人是接受人的债务人,且接受人基于(法律)行为明示解除了其债务负担的,此承担构成(债务人的)更新。

但是,如果被承担人明示担保承担人未来具有清偿能力的,或者,在债务承担时,承担人处于债务清理(apurement)程序之中的,被承担人仍负有义务。

第1338条　被承担人是接受人的债务人,但接受人没有解除其债务负担的,承担使得接受人新增第二个债务人。

如果两个债务人中任何一人进行了清偿,在该清偿数额以内,另一人摆脱债务负担。

第1339条　如果被承担人是承担人的债权人,仅在承担人向接受人履行债务的情况下,以履行数额为限,其债权消灭。

至此,被承担人仅得就超过承担人债务负担部分主张或接收清偿。被承担人只能通过向接受人履行他自己对接受人所负担的债务,才能收回(recouvre)其权利。

依同样的限制,被承担人债权的让与或扣押(方可)产生效力。

但是,如果接受人已经解除了被承担人的债务负担,那么承担人本人也摆脱了对被承担人的债务负担,数额以该承担人对接受人的债务负担数额为限。

第1340条　债务人有关指定某人代其清偿的简单指示既不构成更新,也不构成承担。同样地,债权人有关指定某人代其接收清偿的简单指示,亦然。

第三章　债权人的诉权

第1341条　债权人有主张债务履行的权利;他可依照法定条件强制(contraindre)债务人履行债务。

第1341-1条　债务人怠于行使其财产性权利与诉权、损害其债权人权利的,该债权人有权为该债务人的利益行使之,但专属于该债务人个人的权利与诉权除外。

第1341-2条　债权人也可以自己的名义诉请(agir)宣告,债务人欺诈其权利的行为不得对抗该债权人;行为系有偿时,债权人负责证明与债务人订立合同的第三人知悉欺诈(的存在)。

第1341-3条　在法律有规定的情况下,债权人可以直接诉请(agir)其债务人的债务人清偿其债权。

第四章　债的消灭

第一节　清偿

第一副节　一般规定

第1342条　清偿是对应负给付的自愿履行。

于债务到期时,清偿应当尽早为之。

清偿使债务人对债权人摆脱(libérer也可译成"不再负担"、"解除"等)债务以及使债务消灭,但法律或合同就债权人权利的代位另行规定的除外。

第1342-1条　除非债权人的拒绝是合理的,清偿可由非债务人完成。

第1342-2条　清偿应当向债权人作出,或者向债权人指定的接收清偿之人作出。

向无资格接收之人所为之清偿,如经债权人承认或者债权人已从中获益的,有效。

向无缔约能力的债权人所为之清偿非有效之清偿,除非其已从中获益。

第1342 - 3条　善意地向表见债权人所为之清偿有效。

第1342 - 4条　债权人可以拒绝(受领)部分清偿,即使给付是可分的(债权人也可以拒绝之)。

债权人可以受领本应(交付)之物以外的其他之物。

第1342 - 5条　交付特定物之债的债务人,按照其状态向债权人交付该物的,方可摆脱债务,除非在其损坏(détérioration)的情况下,得以证明损坏并非由其行为或者其应负责之人的行为所致。

第1342 - 6条　除非法律、法官或者合同另有要求,清偿应当在债务人住所地作出。

第1342 - 7条　清偿费用由债务人负担。

第1342 - 8条　清偿可以通过所有的方式予以证明。

第1342 - 9条　债权人自愿向债务人交还私人署名的凭证原件(titre original sous signature privée)或者具有执行力的凭证副本(copie exécutoire),相当于(债务人)摆脱债务的简单推定。

向任一连带共同债务人所为的此类返还,对所有(共同债务)人发生同样的效力。

第1342 - 10条　负有多个债务的债务人,可于清偿之时指定其拟清偿的债务。

债务人未指定的,依照如下规则抵充:首先抵充已经到期的债务;多个债务均到期的,清偿抵充对债务人最为有利益的债务。在利益相同的情况下,清偿抵充最先的债务;各事项均相同的,按照比例清偿。

第二副节　金钱之债的特殊规则

第1343条　金钱之债的债务人通过支付名义上的数额摆脱债务。

金钱之数额可依据指数规则的变化而变化。

价值之债的债务人通过支付清算时所确定的金额摆脱债务。

第1343 - 1条　金钱之债附利息的,债务人(须)清偿本金与利息以摆脱债务。部分清偿的首先抵充利息。

利息依据法律规定或者合同约定予以确认。约定利率应当通过书面形式确定。未明确者,推定为年息。

第1343-2条 应付到期利息超过至少一年者,在有约定或者司法裁判的情况下,可以产生利息。

第1343-3条 在法国清偿金钱之债的,采用欧元。但是,如果债务来源于涉外合同或者在法国境内具有执行力的外国判决,清偿可以另一种外汇为之。

第1343-4条 金钱之债以债权人住所地为清偿地,法律、判决或者合同另行指明的除外。

第1343-5条 法官可以依据债务人的状况或者债权人的请求,以两年为限,判令延期或者分期清偿应付款项。

法官可以通过说明理由的特别判决,降低计算被推迟清偿期限之金额应付利息的利率,但降低后的利率不得低于法定利率;法官也得通过说明理由的特别判决,命令清偿首先抵充本金。

法官可以要求,债务人在完成债务清偿的担保或者有助于债务清偿的行为之后,方可适用上述措施。

法官的判决中止债权人可能提起的执行程序。在法官确定的期限内,不再按照迟延清偿加收应付利息或者违约金。

任何相反之约定,视为未曾写就。

本条不适用于扶养债务。

第三副节 催告

第一目 催告债务人

第1344条 催告通知(sommation),含有内容充分的督促文书,或者在合同有约定的情况下单纯的债务到期,均可构成对债务人的清偿催告。

第1344-1条 有关清偿金钱之债的催告将导致按照法定利率计算金钱利息,(为此)债权人不须证明其所受之损失。

第1344-2条 有关交付物的催告将导致风险转移由债务人承担。

第二目　催告债权人

第1345条　债务到期,债权人无正当(légitime)理由拒绝接收应受领之清偿或者通过其行为予以阻止的,债务人有权催告债权人受领或者允许其履行债务。

对债权人的催告导致停止对债务人应付利息的计算,并导致物的风险转移由债权人承担,但债务人有严重过错或欺诈过错的除外。

该催告不中断时效。

第1345-1条　阻却事实在催告两个月以后仍未结束的,金钱之债的债务人可以提存(consigner)至信托局(Caisse des dépôts et consignations);如果债务涉及物的交付,债务人可以将标的物提存(séquestrer)至职业保管人(gardien professionnel)处。

如果给付标的物不能提存或者提存过分昂贵,法官可以授权协议买卖或者拍卖。减除买卖费用后,价款在信托局予以提存。

提存自其通知债权人之时起,使得债务人摆脱债务。

第1345-2条　如果债务以其他标的为内容,阻却事实在催告两个月以后仍未结束的,债务人摆脱债务。

第1345-3条　催告、提存的费用由债权人承担。

第四副节　清偿代位

第1346条　于法律有规定之情形,基于某一正当利益(un intérêt légitime)而进行清偿之人,自其清偿使得最终应当承担债务之人向其债权人的债务全部或部分消灭之时起,取得代位权。

第1346-1条　意定代位产生于债权人的主动行为,即,接收第三人清偿的债权人,使得该第三人代位行使他对债务人的权利。

此种代位应当是明示的。

应当在清偿的同时就代位达成合意,除非在先前的文书中,被代位者已经明确表示其合同相对人于清偿时可以代位行使其权利。代位与清偿的同时发生可以通过各种方式予以证明。

第1346-2条　债务人借款用于清偿其债务的,也可以发生代位:贷款人在债权人的协助下,可代位行使该债权人的权利。在此情形下,代位应当是明示的,并且债权人提供的清偿受领收据应当指明资金的来源。

代位同样可以不经债权人的参与而合意发生,但是以债务到期或者期限利益属于债务人为条件。并且借贷文书(l'act d'emprunt)以及清偿受领收据(la quittance)均需经过公证,借款文书应当载明用于清偿之目的的借款金额,清偿受领收据应当载明清偿的完成来自于新债权人为此目的而提供的款项。

第1346-3条　如果债权人仅得到部分清偿,代位不得侵害债权人;在此情况下,债权人就其剩余部分可行使其权利,且对剩余部分的权利优先于使其接收部分清偿的(代位清偿)人。

第1346-4条　在已清偿的范围之内,代位取得的债权及其从属(权利)转移至代位清偿人,但完全依附于债权人本人的权利除外。

代位人(le subrogé)仅就自催告时起的法定利息享有权利,除非其与债务人就新的利息另有约定。上述利息属于债权所附担保的担保范围,但在第三人提供担保的情况下,以所约定的最初负担范围为限。

第1346-5条　债务人自知道时起可以主张代位之事实;但是只有在债务人被通知或者在债务人已经确认(prendre acte)的情况下,代位可以对抗债务人。

自清偿时起,代位可以对抗第三人。

债务人可以向代位债权人(le créancie subrogé)主张基于债务本身的抗辩,例如无效、履行抗辩或者关联债务的抵销。他同样可以向其主张基于他与被代位人(le subrogant)之间的关系所生之抗辩,只要这些抗辩是在代位可对抗他之前产生的,例如(宽限)期限的给予、债务的免除或者非关联债务的抵销。

第二节　抵销

第一副节　一般规定

第1347条　抵销系两人彼此债务的同时消灭。

抵销经当事人主张,于其条件满足之日实现,且以两个债务中数额较低者为限。

第1347-1条　除本副节以下规定的情况,抵销的两个债应当是可替代的(fongible)、确定的(certaine)、现有的(liquide)且其履行期已经到来(exigible)。

第1347-2条　不可扣押的债权,以及保管物返还之债、使用借贷返还之债、所有权被不正当剥夺的物的返还之债,不得抵销,但债权人同意的除外。

第1347-3条　宽限期(le délai de grace)不构成抵销的障碍。

第1347-4条　如有多个可抵销的债务,清偿抵充规则仍可适用。

第1347-5条　如果债务人对债权让与已无条件地予以了确认(prendre act),债务人不得以他本可以对抗债权出让人的抵销对抗受让人。

第1347-6条　保证人,得以债权人与主债务人之间存在的抵销(债务),对抗债权人。

连带共同债务人,得以债权人与任一共同债务人之间存在抵销(债务)为由,要求从全部债务中扣除他(即有抵销权的连带共同债务人)的份额。

第1347-7条　抵销不得损害第三人获得的权利。

第二副节　特殊规定

第1348条　尽管某一确定的债务,不是现有的或者其履行期尚未到来,也可以通过司法裁判的方式进行抵销。在没有相反裁判的情况下,抵销自裁判之日生效。

第1348-1条　对于关联债务的抵销,法官不得以某一债务不是现有的或者其履行期尚未到来为由否定之。

在此情况下,抵销自第一个债务履行期到来之日发生效力。

在同样的情况下,第三人基于某一债务获得了权利,并不影响债务人主张抵销。

第1348-2条　当事人可以自由约定,以抵销的方式消灭他们之间彼此的债务,无论是现在的或者未来的债务皆可。此项抵销自合意达成之日生效,或者,在有未来债务的情况下,于其共同存在之日发生效力。

第三节　混同

第1349条　同一个债务的债务人与债权人身份合并为同一人的,发生混同。混同导致债权及其从属部分消灭,但是第三人所获得的权利或者(可)向第三人主张的权利除外。

第 1349 - 1 条　如果多个债务人之间存在连带关系或者多个债权人之间存在连带关系,且混同仅涉及其中一人的,对其他人而言,仅此人所有的份额消灭。

如果混同的债务存在保证担保,保证人无论是否是连带保证人均摆脱债务。如果某一保证人所负担的保证义务发生混同,主债务人并不能以此摆脱债务。其他连带保证人仅以该保证人的份额为限摆脱债务。

第四节　债务免除

第 1350 条　债务免除(la remise de dette)系债权人使债务人摆脱(libérer)其债务的合同。

第 1350 - 1 条　免除任一连带共同债务人的债务的,就此人的份额部分,其他共同债务人摆脱债务。

连带债权人中仅一人作出的债务免除,仅就该债权人的份额部分,使债务人摆脱债务。

第 1350 - 2 条　对主债务人的债务免除,保证人无论是否为连带保证人均摆脱债务。

对任一连带保证人给予的债务免除,并不导致主债务人摆脱其债务,但是其他连带保证人以该保证人的份额为限摆脱债务。

某个保证人为解脱(décharger)保证义务而向债权人所提供的清偿,应抵充债务,主债务人按比例摆脱债务。其他保证人仅对扣除该保证人解脱份额的剩余部分负责;如果该保证人所提供的价值超过此份额,其他保证人对扣除该价值的剩余部分负责。

第五节　履行不能

第 1351 条　履行给付不能,若源于不可抗力且系终局性的,则就不能给付之部分使债务人摆脱债务,但当事人另有约定或者已经事先被催告过的除外。

第 1351 - 1 条　但是,在因所欠之物发生灭失而导致履行不能的情况下,被催告的债务人如能证明即使其履行了债务也同样会发生灭失的,摆脱债务负担。

不过,债务人仍有义务将附属于该物的权利与诉权让与给债权人。

第五章 返还

第 1352 条 就金钱以外的物,应按实物(en nature)返还;在实物返还不能的情况下,按返还之日的价值返还。

第 1352 - 1 条 负有义务返还物的人,就已经导致物之价值减少的毁损承担责任,善意且对毁损无过错的除外。

第 1352 - 2 条 受领物时是善意的,且已经将其出售的,只应当返还出售的价款;恶意受领者应当按照返还之日的价值返还,除非返还之日的价值低于出售的价款。

第 1352 - 3 条 返还包括物所带来的孳息以及收益的价值。

收益的价值由法官以宣判之日为准进行评估。

除非另有相反的规定,孳息如不能依照实物予以返还,应依据债务清偿之日物之状态,按照偿还之日评估的价值予以返还。

第 1352 - 4 条 对于未解除监护的未成年人或者受保护的成年人负责的返还,以其从被取消的行为中获得的收益为限。

第 1352 - 5 条 确定返还数额时,应当考虑返还义务人为保管和改良物所支出的必要费用,但应以返还之日评估的增值为限。

第 1352 - 6 条 金钱的返还包括法定利息以及受领人接手期间所支付的税款。

第 1352 - 7 条 恶意受领者应当返还自清偿以来的利息、其所收到的孳息或者收益的价值。善意受领者仅负责返还自请求之日起的上述各项。

第 1352 - 8 条 服务给付按照价值予以返还。以提供服务之日为准对其价值进行评估。

第 1352 - 9 条 对债务清偿的担保当然地延伸到返还之债上,但不影响保证人享有的期限利益。

第四编(二) 债之证明(略)

附录二:《法国民法典》依据《债法改革法令》 修订前后的条文对比

依据 Dalloz 出版社的 Réform de droit des obligations:un supplément au Code civil 2016(à jour de l'ordonnance n°2016 – 131 du 10 février 2016)整理。

旧条文序号	新条文序号
第 1101 条	第 1101 条
第 1102 条	第 1106 条
第 1103 条	第 1106 条
第 1104 条	第 1108 条
第 1105 条	第 1107 条
第 1106 条	第 1107 条
第 1107 条	第 1105 条
第 1108 条	第 1128 条
第 1108 – 1 条	第 1174 条
第 1108 – 2 条	第 1175 条
第 1109 条	第 1130 条
第 1110 条	第 1132 条及以下
第 1111 条和第 1112 条	第 1142 条
第 1113 条	第 1140 条及以下
第 1114 条	—
第 1115 条	第 1144 条和第 1182 条
第 1116 条	第 1137 条
第 1117 条	第 1178 条
第 1118 条	第 1168 条

旧条文序号	新条文序号
第1119条	第1203条和第1205条及以下
第1120条	第1204条
第1121条	第1205条及以下
第1122条	—
第1123条	第1145条
第1124条	第1146条
第1125条	第1151条
第1125-1条	《家庭与社会互助法典》第L.116-4条;《公共卫生法典》第L.3211-1条
第1126条	第1163条
第1127条	—
第1128条	—
第1129条	第1163条
第1130条	第1163条
第1131条到第1133条	第1162条(合同的内容)
第1134条	第1103条(强制效力),第1104条(善意)和第1193条
第1135条	第1194条
第1136条和第1137条	第1197条
第1138条	第1344-2条和第1196条
第1139条	第1344条
第1140条	—
第1141条	第1198条
第1142条	第1217条和第1221条及以下
第1143条和第1144条	第1222条
第1145条	—
第1146条	第1231条
第1147条	第1217条和第1231-1条

续表

旧条文序号	新条文序号
第 1148 条	第 1218 条(不可抗力),1351 条(履行不能)
第 1149 条	第 1231 - 2 条
第 1150 条	第 1231 - 3 条
第 1151 条	第 1231 - 4 条
第 1152 条	第 1231 - 5 条
第 1153 条	第 1231 - 6 条和第 1344 - 1 条
第 1153 - 1 条	第 1231 - 7 条
第 1154 条	第 1343 - 2 条
第 1155 条	—
第 1156 条	第 1188 条
第 1157 条	第 1191 条
第 1158 条	—
第 1159 条	—
第 1160 条	—
第 1161 条	第 1189 条
第 1162 条	第 1190 条
第 1163 条	—
第 1164 条	—
第 1165 条	第 1199 条及以下
第 1166 条	第 1341 - 1 条
第 1167 条	第 1341 - 2 条
第 1168 条	第 1304 条
第 1169 条	—
第 1170 条	第 1304 - 2 条
第 1171 条	—
第 1172 条	第 1304 - 1 条
第 1173 条	—

续表

旧条文序号	新条文序号
第 1174 条	第 1304 - 2 条
第 1175 条	—
第 1176 条	—
第 1177 条	—
第 1178 条	第 1304 - 3 条
第 1179 条	第 1304 - 6 条
第 1180 条	第 1304 - 5 条
第 1181 条	—
第 1182 条	第 1304 - 6 条
第 1183 条	第 1304 条和第 1304 - 7 条
第 1184 条	第 1217 条和第 1224 条及以下
第 1185 条	第 1305 条及以下
第 1186 条	第 1305 - 2 条
第 1187 条	第 1305 - 3 条
第 1188 条	第 1305 - 4 条
第 1189 条	第 1307 条及以下
第 1190 条	第 1307 - 1 条
第 1191 条	—
第 1192 条	—
第 1193 条	第 1307 - 2 条
第 1194 条	第 1307 - 2 条及以下
第 1195 条	第 1307 - 2 条和第 1307 - 5 条
第 1196 条	—
第 1197 条	第 1311 条
第 1198 条	第 1311 条
第 1199 条	第 1312 条
第 1200 条	第 1313 条

旧条文序号	新条文序号
第 1201 条	—
第 1202 条	第 1310 条
第 1203 条	第 1313 条
第 1204 条	第 1313 条
第 1205 条	—
第 1206 条	—
第 1207 条	第 1314 条
第 1208 条	第 1315 条
第 1209 条	第 1349 – 1 条
第 1210 条	第 1316 条
第 1211 条	—
第 1212 条	—
第 1213 条	第 1317 条
第 1214 条	第 1317 条
第 1215 条	第 1317 条
第 1216 条	第 1318 条
第 1217 到第 1225 条	第 1320 条
第 1226 条	第 1231 – 5 条
第 1227 条	—
第 1228 条	—
第 1229 条	—
第 1230 条	第 1231 – 5 条
第 1231 条	第 1231 – 5 条
第 1232 条	—
第 1233 条	—
第 1234 条	第 1342 条及以下
第 1235 条	第 1302 条和第 1342 条

旧条文序号	新条文序号
第 1236 条	第 1342 - 1 条
第 1237 条	第 1342 - 1 条
第 1238 条	—
第 1239 条	第 1342 - 2 条
第 1240 条	第 1342 - 3 条
第 1241 条	第 1342 - 2 条
第 1242 条	—
第 1243 条	第 1342 - 4 条
第 1244 条	第 1342 - 4 条和第 1343 - 5 条
第 1244 - 1 条	第 1343 - 5 条
第 1244 - 2 条	第 1343 - 5 条
第 1244 - 3 条	第 1343 - 5 条
第 1244 - 4 条	《民事执行程序法典》第 L. 125 - 1 条
第 1245 条	第 1342 - 5 条
第 1246 条	第 1166 条
第 1247 条	第 1342 - 6 条和第 1343 - 4 条
第 1248 条	第 1342 - 7 条
第 1249 条	第 1346 条及以下
第 1250 条	第 1346 条及以下
第 1251 条	第 1346 条
第 1252 条	第 1346 - 3 条
第 1253 条	第 1342 - 10 条
第 1254 条	第 1343 - 1 条
第 1255 条	—
第 1256 条	第 1342 - 10 条
第 1257 条到第 1264 条	第 1345 条及以下
第 1271 条	第 1329 条

续表

旧条文序号	新条文序号
第 1272 条	—
第 1273 条	第 1330 条
第 1274 条	第 1332 条
第 1275 条	第 1338 条
第 1276 条	第 1337 条
第 1277 条	第 1340 条
第 1278 条	第 1334 条
第 1279 条	第 1334 条
第 1280 条	第 1334 条
第 1281 条	第 1335 条
第 1282 条	第 1342 - 9 条
第 1283 条	第 1342 - 9 条
第 1284 条	第 1342 - 9 条
第 1285 条	第 1350 - 1 条
第 1286 条	—
第 1287 条	第 1350 - 2 条
第 1288 条	第 1350 - 2 条
第 1289 条	第 1347 条
第 1290 条	第 1347 条及以下
第 1291 条	第 1347 - 1 条
第 1292 条	第 1347 - 3 条
第 1293 条	第 1347 - 2 条
第 1294 条	第 1347 - 6 条
第 1295 条	第 1347 - 5 条
第 1296 条	—
第 1297 条	第 1347 - 4 条
第 1298 条	第 1347 - 7 条

旧条文序号	新条文序号
第 1299 条	第 1347 - 7 条
第 1300 条	第 1349 条及以下
第 1301 条	第 1349 - 1 条
第 1302 条	第 1351 条及以下
第 1303 条	第 1351 - 1 条
第 1304 条	第 1144 条、第 1152 条和第 2224 条
第 1305 条	第 1149 条
第 1306 条	第 1149 条
第 1307 条	第 1149 条
第 1308 条	第 1149 条
第 1309 条	—
第 1310 条	—
第 1311 条	第 1151 条
第 1312 条	第 1151 条和第 1352 - 4 条
第 1313 条	第 1150 条
第 1314 条	—
第 1315 条	第 1353 条
第 1315 - 1 条	—
第 1316 条	第 1365 条
第 1316 - 1 条	第 1366 条
第 1316 - 2 条	第 1368 条
第 1316 - 3 条	第 1366 条
第 1316 - 4 条	第 1367 条
第 1317 条	第 1369 条
第 1317 - 1 条	第 1369 条
第 1318 条	第 1370 条
第 1319 条	第 1371 条

旧条文序号	新条文序号
第 1320 条	—
第 1321 条	第 1201 条
第 1321 – 1 条	第 1202 条
第 1322 条	第 1372 条
第 1323 条	第 1373 条
第 1324 条	第 1373 条
第 1325 条	第 1375 条
第 1326 条	第 1376 条
第 1328 条	第 1377 条
第 1329 条	第 1378 条
第 1330 条	第 1378 条
第 1331 条	第 1378 – 1 条
第 1332 条	第 1378 – 2 条
第 1333 条	—
第 1334 条	第 1379 条
第 1335 条	第 1379 条
第 1336 条	第 1362 条
第 1337 条	第 1380 条
第 1338 条	第 1182 条
第 1339 条	第 931 – 1 条
第 1340 条	第 931 – 1 条
第 1341 条到第 1345 条	第 1359 条
第 1346 条	—
第 1347 条	第 1361 条和第 1362 条
第 1348 条	第 1360 条和第 1379 条
第 1349 条	第 1354 条
第 1350 条	第 1354 条

续表

旧条文序号	新条文序号
第 1351 条	第 1355 条
第 1352 条	第 1354 条
第 1353 条	第 1382 条
第 1354 条	第 1383 条
第 1355 条	第 1383 - 1 条
第 1356 条	第 1383 - 2 条
第 1357 条	第 1384 条
第 1358 条	第 1385 条
第 1359 条	第 1385 - 1 条
第 1360 条	第 1385 条
第 1361 条	第 1385 - 2 条
第 1362 条	第 1385 - 1 条
第 1363 条	第 1385 - 3 条
第 1364 条	第 1385 - 3 条
第 1365 条	第 1385 - 4 条
第 1366 条	第 1386 条
第 1367 条	第 1386 - 1 条
第 1368 条	第 1386 条
第 1369 条	—
第 1369 - 1 条	第 1125 条
第 1369 - 2 条	第 1126 条
第 1369 - 3 条	第 1127 条
第 1369 - 4 条	第 1127 - 1 条
第 1369 - 5 条	第 1127 - 2 条
第 1369 - 6 条	第 1127 - 3 条
第 1369 - 7 条	第 1127 - 4 条
第 1369 - 8 条	第 1127 - 5 条

旧条文序号	新条文序号
第 1369 - 9 条	第 1127 - 6 条
第 1369 - 10 条	第 1176 条
第 1369 - 11 条	第 1177 条
第 1370 条	第 1100 条和第 1100 - 2 条
第 1371 条	第 1300 条和第 1303 条及以下 (不当得利)
第 1372 条	第 1301 条及以下
第 1373 条	第 1301 - 1 条
第 1374 条	第 1301 - 1 条
第 1375 条	第 1301 - 2 条
第 1376 条	第 1302 - 1 条
第 1377 条	第 1302 - 2 条及以下
第 1378 条	第 1302 - 3 条和第 1352 - 7 条
第 1379 条	第 1302 - 3 条和第 1352 - 1 条
第 1380 条	第 1302 - 3 条和第 1352 - 2 条
第 1381 条	第 1302 - 3 条和第 1352 - 5 条
第 1382 条	第 1240 条
第 1383 条	第 1241 条
第 1384 条	第 1242 条
第 1385 条	第 1243 条
第 1386 条	第 1244 条
第 1386 - 1 条	第 1245 条
第 1386 - 2 条	第 1245 - 1 条
第 1386 - 3 条	第 1245 - 2 条
第 1386 - 4 条	第 1245 - 3 条
第 1386 - 5 条	第 1245 - 4 条
第 1386 - 6 条	第 1245 - 5 条
第 1386 - 7 条	第 1245 - 6 条

旧条文序号	新条文序号
第 1386 - 8 条	第 1245 - 7 条
第 1386 - 9 条	第 1245 - 8 条
第 1386 - 10 条	第 1245 - 9 条
第 1389 - 11 条	第 1245 - 10 条
第 1386 - 12 条	第 1245 - 11 条
第 1386 - 13 条	第 1245 - 12 条
第 1386 - 14 条	第 1245 - 13 条
第 1386 - 15 条	第 1245 - 14 条
第 1386 - 16 条	第 1245 - 15 条
第 1386 - 17 条	第 1245 - 16 条
第 1386 - 18 条	第 1245 - 17 条

附录三:修订前的《法国民法典》(准合同相关条文节选)

第三卷　取得所有权的不同方式

第三编　合同或一般契约之债

第四编　非因契约而发生的债务约束

第一章　准合同

第1371条　准合同是人完全自愿之行为,并因此产生对他人的义务以及有时双方互负义务。

第1372条　自愿管理他人事务时,不论该事务的所有人(le propriétaire)是否知道该管理,管理人均缔结了如下的默示义务:继续其已经开始的管理并完成之,直到事务的所有人处于能够亲自管理时为止;他同样应当负责管理同一事务的所有附属事务。

管理人负有如同所有人对其给予明示委托时所产生的全部债务。

第1373条　若事务之本人(le maître)在事务完结之前死亡的,管理人仍负有继续管理的义务,直到继承能够进行管理时为止。

第1374条　管理人应尽善良家父(bon pere de famille)之注意管理事务。

但是,法官应依据致使管理人负责事务管理的具体情形,减轻因其过错或疏忽(la négligence)所引起的损害赔偿。

第1375条　其事务已得良好(bien)管理的,本人应当履行管理人以其名义所订立的合同,清偿所有管理人负担的个人债务,并且补偿管理人所有有益或必要之费用。

第1376条　由于错误或者有意地(sciemment)受领本不应当受领(之清偿)的,应当向清偿之人返还之。

第1377条　因错误而认为自己是债务人并清偿某项债务的,有向债权人主张返还的权利。

但如果该债权人在清偿以后销毁了其凭证的,此项权利不得行使,不过仍可向真正的债务人求偿。

第 1378 条　恶意受领人负有义务返还本金及自清偿之日起算的利息或孳息。

第 1379 条　如果非债受领之物为不动产或者有体动产的,受领人负有义务按现状返还原物(en nature),或者在因其过错而导致物灭失或损坏的情况负有义务返还物之价值;受领人为恶意的,即使因意外事件而导致受领之物灭失的,仍负有担保义务。

第 1380 条　善意受领人出售受领之物的,仍需返还出售之价金。

第 1381 条　无论占有人是否为恶意的,接收返还之物的人,应当偿还占有人为保管此物而支出的必要且有益之费用。

附录四:《司法部债法改革法令
草案征求意见稿(2015)》(准合同相关条文节选)

第二副编　非合同责任

预留给现行民法典第 1382 条到第 1386 - 18 条。

第三副编　债的其他渊源

第 1300 条　准合同是完全自愿之行为,由此给本无权利获取利益却获得利益之人产生义务,有时行为人也对他人负有义务。

本副编所规范的准合同有无因管理,非债清偿和不当得利。

第一章　无因管理

第 1301 条　于事务之本人不知或者没有反对的情况下,本不负有义务但有意管理他人事务之人,在完成管理的法律行为或者事实行为的过程中,负有一名受委托人所负担之全部债务。

第 1301 - 1 条　管理人管理事务应尽合理之人的全部注意义务;管理人应当持续管理事务直到事务之本人或其继承人处于能亲自管理的状态时为止。

根据实际情况,法官可以降低管理人因其过错或者过失而应向本人承担的赔偿金额。

第 1301 - 2 条　其事务已被有益(utilement)管理之人,应当履行管理人为其利益所签订的债务。

他(应当)清偿管理人为其利益而支出费用,赔偿管理人因管理其事务而遭受的损害。

管理人预先支付的金额,自支付之日起计算利息。

第 1301 - 3 条　本人对管理予以承认的,为委托关系。

第 1301 - 4 条　管理人承担管理他人事务并具有个人利益的,不排除适用无因管理规则。

在此情况下，负担的债务以及费用按照各自在共同事务中的利益比例分担。

第1301-5条　如果管理人的行为不满足无因管理的要件，但对该事务之本人有利，该事务之本人应当根据不当得利的规则偿付管理人。

第二章　非债清偿

第1302条　清偿须以债务为前提；被给予的本为不应清偿者，应予返还（répétition）。

自愿清偿自然之债的，不得主张返还（répétition）。

第1302-1条　由于错误或者有意地（sciemment）接收本不应当向其清偿的，应当向清偿之人返还之。

第1302-2条　如果因为错误或者被强迫而清偿他人债务的，有权要求债权人返还，除非该债权人在清偿以后销毁了其凭证或者放弃了债权担保。

在错误支付他人债务的情况下，清偿人可以向真正的债务人主张返还。

第1302-3条　返还适用第四编第五章有关返还的规则。

支付人对其错误具有过错的，可减少返还（数额）。

第三章　不当得利（L'enrichissement injustifié）

第1303条　在非债清偿以外的情形，不当获得利益致使他人受有损失的，应以获益与受损二者中金额较少者为限，偿付（indemniter）因此受损之人。

第1303-1条　当获益既非来自于受损人对一项债务的实现，也非来自于他的赠与意图，获益是不当的（injustifié）。

第1303-2条　如果损失来自于受损人为追求个人利益而完成的行为，不偿付。

如果损失来自于受损人的过错，法官可以降低偿付（数额）。

第1303-3条　受损人如果享有另外一项诉权，或者该诉权遇到时效等法律上的障碍，不能获得偿付。

第1303-4条　就花费之日在财产上所查实的损失，就请求之日所存在的获益，以判决之日（的价值）进行评估。

受益人为恶意的，偿付（数额）应等同于获益与损失二者中价值较高者。

附录五:《卡特拉草案》(准合同相关条文节选)

第三编　债

第二副编　准合同(第 1327 条到第 1339 条)

第 1327 条　准合同是完全自愿之行为,如无因管理他人事务,非债清偿或者不当得利,由此给本无权利获取利益却获得利益之人产生义务,有时行为人也对他人负有义务。

第一章　无因管理

第 1328 条　于事务之本人不知或者没有反对的情况下,自发(spontanément)且以帮助之名义(à titre bénévole)承担该他人事务之人,在完成管理的法律行为或者事实行为的过程中,负有如同他已经收到明示委托时所负担之全部债务。

第 1328 - 1 条　管理人应当持续管理事务及其相关事宜,直到事务之本人或其继承人处于能亲自管理的状态,或直到他可以不再承担该事务且无利益遗失(perte)风险之时。

第 1328 - 2 条　法官可以,根据导致承担事务管理的情况,减少由瑕疵管理所造成的损害赔偿金。

第 1328 - 3 条　其事务已被有益(utilement)管理之人,应当履行管理人以其名义所签订的债务,清偿管理人所负担的一切个人债务,支付管理人支出的所有有益或者必要的费用,并考虑管理人所遭受的损失,但排除(支付)任何报酬。

第 1329 条　如果管理不仅为他人之利益,还为了他人与管理人的共同利益,有关管理事务的规则同样地予以适用。

如果是为了他人与管理人的共同利益,负担的债务、费用以及损失按照各自利益比例分担。

第1329－1条　如果管理人的行为不满足无因管理的要件，但对该事务之本人有利，该事务之本人应当根据不当得利的规则偿付管理人。

第二章　非债清偿

第1330条　由于错误或者有意地（sciemment）受领本不应当受领（之给付）的，应当向支付之人返还之。

但是，如果能证明支付来自于一项赠与之意图、自然之债或者其他的原因，不负责返还。

第1331条　作为支付之基础的债务事后被认定为无效或者解除，或者基于其他方式失去其原因的，发生返还。

第1332条　如果因为错误或者被强迫而清偿他人债务的，可以主张或者由真正的债务人偿还，或者由债权人偿还，除非该债权人在支付以后销毁了其凭证或者放弃了一项担保。

第1333条　受领人是恶意的，应当返还本金以及自支付之日起算的利息或者孳息。

第1334条　如果不应受领之物是特定的有体物，物仍然存在的，受领人应当实物返还，如果因其过错致使该物毁损的，受领人应当依返还之日的价值予以返还；受领人恶意受领的，应担保因意外事件而导致的灭失。

第1334－1条　善意受领人将物出售的，只需返还出售的价款；于相反之情形，他应当依返还之日的价值予以返还。

第1335条　收受返还之物者，应当向占有者偿还为保管此物所支出的、全部的必要及有用的费用，即使在占有人为恶意的情况下，亦然。

第三章　不当得利

第1336条　没有正当理由获得利益而使他人受损之人，应以获益与受损二者中金额较少者为限，偿付因此受损之人。

第1337条　如果受损人遭受的损失不是来自于他的赠与受益人的意图，也不是来自于他依据法律、判决或者合同对得利之人应负债务的履行，也不是来自于其追求纯个人利益的行为，获益即是不当的。

第1338条　如果受损人拥有的其他救济方式遇到了法律上的障碍,如时效,或者其受损产生于其严重的过错,受损人不得行使不当得利诉权。

第1339条　于请求之日评价获益以及损失。但是,于受益人具有恶意的情形,于其受有好处之时评价所获得的利益。

附录六：《泰雷债法草案》（准合同相关条文节选）

第三副编　其他债之渊源

第一章　从他人处获得不应得之利益

第1节　非债清偿

第1条　支付须以债务为前提；不应支付而支付的，应予返还。

自愿清偿自然之债的，不得主张返还。

第2条　由于错误或者有意地（sciemment）受领本不应当受领（之给付）的，应当向支付之人返还之。

第3条　作为支付之基础的债务，事后因无效或者解除或者基于原因而消灭的，发生返还。

对金钱借贷（还款）担保当然地延伸到（借款的）返还之债上，但保证人仍享有期限利益。

第4条　如果因为错误或者被强迫而清偿他人债务的，有权要求债权人返还，除非该债权人在支付以后销毁了其凭证或者放弃了债权担保。支付人对其错误具有过错的，可减少返还（数额）。

在错误支付他人债务的情况下，支付人也可向真正的债务人主张返还。

第5条　受领人是恶意的，应当返还本金以及自支付之日起算的利息或者孳息。

第6条　如果不应受领之物是不动产或者有体动产，该物仍然存在的，受领人应当实物返还，如果因其过错致使该物毁损的，受领人应当依返还之日的价值予以返还；受领人恶意受领的，应担保因意外事件而导致的灭失。

第7条　善意受领人将物出售的，只需返还出售的价款；受领系恶意的，若返还之日的价值高于售价的，应依返还之日的价值予以返还。

第8条　收受返还之物者，应当向占有者偿还为保管此物所支出的、全部的必要及有用的费用,即使在占有人为恶意的情况下,亦然。

第9条 服务给付的不当受领者,应向给付之人返还(相应的)价值。间接受益者,应当依据不当得利之规定返还。

第2节 不当得利(L'enrichissement sans cause)

第10条 在非债清偿以外的情形,没有原因获得利益致使他人受有损失的,应以获益与受损二者中金额较少者为限,偿付(indemniter)因此受损之人。

当获益既非来自于受损人对一项债务的实现,也非来自于他的赠与意图,获益是没有原因的(sans cause)。

第11条 如果受损人享有另外一项诉权,或者该诉权遇到时效等法律上的障碍,不偿付。

第12条 如果损失来自于受损人的过错,法官可以降低偿付(数额)。

如果损失来自于受损人为追求个人利益而完成的行为,不偿付。

第13条 于花费之日所查实的损失,于请求之日所存在的获益,以判决之日(的价值)进行评估。受益人为恶意的,偿付(数额)应等同于获益与损失二者中数额较高者。

第二章 无因管理

第14条 于事务之本人不知或者没有反对的情况下,本不负有义务但有意管理他人事务之人,在完成管理的法律行为或者事实行为的过程中,负有一名受委托人所负担之全部债务。

第15条 管理人管理事务应尽合理之人的全部注意义务;管理人应当完成管理事务,或者持续管理事务直到事务之本人或其继承人处于能亲自管理的状态时为止。

根据实际情况,法官可以降低管理人因其过错或者过失而应向本人承担的赔偿金额。

第16条 其事务已被有益(utilement)管理之人,应当履行管理人为其利益所签订的债务。

他(应当)清偿管理人为其利益而支出费用,赔偿管理人因管理其事务而遭受的损害。管理人预先支付的金额,自支付之日起计算利息。

第17条 管理人承担管理他人事务并具有个人利益的,不排除适用无因管理规则。

在此情况下,负担的债务以及费用按照各自在共同事务中的利益比例分担。

第18条 本人对管理予以承认的,为委托关系。

第19条 如果管理人的行为不满足无因管理的要件,但对该事务之本人有利,该事务之本人应当根据不当得利的规则偿付管理人。

附录七:翻译对照表

翻译对照表 I(法文 - 中文)

Acceptation	承诺
A l'égard des tiers	(针)对第三人/向第三人
Accessoire	从属
Accomplissement	(条件)成就
Accuser	通知
Acquéreur	继受人
Acte authentique	公证文件
Acte contresigné par avocat	律师副署文件
Acte juridique	法律行为
Acte recognitif	追认书
Acte sous signature privée	私署文书
Acte unilatéral	单方行为
Acte conservatoire	保全行为
Acte sous signature privé	私署文书
Action directe	直接诉权
Action du créancier	债权人的诉权
Action interrogatoire	询问权
Action oblique	代位诉权
Action paulienne	撤销诉权
Aliénation	转让
Allouer	判以/判给
Apposition	签署/盖戳

Archivage du contrat	转存合同
Artisan	师傅
Assignation en justice	司法传唤
Attente légitime	合理期待
Autorité de la chose jugée	既判力
Avantage	利益
Aveu	承认
Avis	通知
Bénéficiaire	受益人
Bonne foi	善意
Caducité	失效
Caisse des dépôts et consignations	信托局
Capacité	能力
Capacité contractuelle	缔约能力
Cause	原因/约因
Caution	保证（人）
Cédant	出让人
Cédé	出让相对人
Certaine	确定的
Cession de contrat	合同让与
Cession de créance	债权让与
Cession de dette	债务让与
Cessionaire	受让人
Charge	责任负担
Clause abusive	滥用条款
Clause pénale	违约金条款
Clause résolutoire	解除条款
Commencement de preuve par écrit	书证之绪端

Commettant	指派人
Commune intention	共同意图
Compensation	抵销
Conclusion du contrat	合同成立
Condition illicite	不合法的条件/非法的条件
Condition potestative	单纯取决于债务人意思的条件
Condition résolutoire	解除条件
Condition suspensive	延缓条件
Conditions générales	通用条款
Conditions particuliéres	特别条款
Confirmation	确认/追认
Conflit de preuve	证据的冲突
Confusion	混同
Consentement	同意
Consignation	提存
Consigner	（在信托局）提存
Contenu du contrat	合同的内容
Contrat	合同
Contrat à durée déterminée	定期合同
Contrat à durée indéterminée	不定期合同
Contrat à exécution instantanée	即时性履行合同
Contrat à exécution successive	继续性履行合同
Contrat à titre gratuit	无偿合同
Contrat à titre onéreux	有偿合同
Contrat aléatoire	射幸合同
Contrat cadre	框架合同
Contrat commutatif	实定合同
Contrat conclu par voie électronique	以电子形式订立的合同

Contrat consensuel	意定合同
Contrat d'adhésion	附合合同
Contrat de gré à gré	协商合同
Contrat de prestation de service	服务给付合同
Contrat innommé	无名合同
Contrat réel	要式合同
Contrat solennel	实践合同
Contrat sur la preuve	证据合同
Contrat synallagmatique	双务合同
Contrat unilatéral	单务合同
Contre – lettre	秘密附约
contrepartie	对价
Contrepartie illusoire ou dérisoire	虚假的或者微不足道的对价
Copie	副本
Courrier électronique	电子邮件
Créancier cédant	债权让与人
Débiteur originaire	最初债务人
Débiteur substitué	债务承让人
Déchéance	期限利益的丧失
Décret	法规
Défaut	缺陷
Définitif	终局性的
Délégant	被(代为)承担人
Délégation	代为承担
Délégatoire	(代为)承担接受人
Délégé	(代为)承担人

续表

Délivrance	交付
Dénaturation	破坏(合同)性质
Déséquilibre significatif	明显不公平
Détenir	持有
Détérioration	损坏
Détourner	违反
Dettes connexes	关联债务
Dettes non connexes	非关联债务
Devoir d'information	告知义务
Devoir de conscience	道德义务
Dol	欺诈
Durée du contrat	合同的期限
échéance/à l'échéance	到期
Écrit	文书/书面形式
Écrit électronique	电子文书
Eéfaillance	(条件)不成就
Eélai de grace	宽限期
Effet relatif	相对效力
Effet translatif	移转效力
Effets du contrat	合同的效力
En curatelle	被托管
En tutelle	被监护
Engagement perpétuel	无固定期限债务负担/永久的债务负担
Enrichissement injustifié	不当得利
Enrichissement sans cause	不当得利
Ensemble contractuel	合同整体
Erreur	错误
Etat de dépendance	依赖状态

Exception d'inexécution	不履行的抗辩
Exception de nullité	无效的抗辩
Exécution forcée en nature	强制实际履行
Exigibilité	可要求履行性
Exigible	履行期已经到来的
Extinction de l'obligation	债的灭失
Fait juridique	法律行为
Faute dolosive	欺诈过错
Faute lourde	重大过错
Fongible	可替代的
Force majeure	不可抗力
Force obligatoire du contrat	合同的强制约束力
Formation du contrat	合同的订立
Forme du contrat	合同的形式
Forme électronique	电子形式
Formulaire électronique	电子表格
Gardien professionnel	职业保管人
Gestion d'affaire	无因管理/事务管理
Guard	看管
Impossibilité d'exécuter	履行不能
Imprévisibilité	不可预见性
Imprudence	轻率
Indice	指数
Inexécution du contrat	合同不履行
Information confidentielle	秘密信息
Instituteurs	教育者
Intérêt général	一般利益
Intérêt légal	法定利息

Intérêt moratoire	迟延利息
Intérêt privé	私人利益
Interprétation du contrat	合同的解释
Interrompre	中断(诉讼时效)
Lésion	损害/侵害
Libéralité	赠予
Liberté contractuelle	合同自由
Liquide	现有的
Loi	法律
Majeur protégé	受保护的成年人
Mal	损害/伤害
Mandat	委托
Mandat apparent	表见代理
Manœuvre	手段/诡计
Menace de voie de droit	以权利相威胁
Mentionner	记载
Mineur	未成年人
Mis en demeure	催告
Mise en demeure du créancier	债权人的催告
Modes de preuve	证据模式
Motiver	证明
Negligence	疏忽
Négociation	协商
Novation	更新
Nul ne peut se constituer de titre à soi – même	任何人不得为自己创设证据
Nullité absolue	绝对无效
Nullité conventionnelle	协议无效

Nullité du contrat	合同无效
Nullité relative	相对无效
Obligation	债
Obligation à prestation indivisible	不可分之债
Obligation à terme	附期限之债
Obligation alternative	选择之债
Obligation conditionnelle	附条件之债
Obligation cumulative	合并之债
Obligation essentielle	实质债务
Obligation facultative	任意之债
Obligation naturelle	自然债务
Obligation plurale	复数之债
Obligation solidaire	连带之债
Office ministériel	司法助理职位
Offre	要约
Opération d'ensemble	整体交易
Ordre public	公共秩序
Pacte de préférence	优先协议
Paiement	支付/清偿
Paiement de l'indu	不应给付的清偿
Paiement de somme d'argent	支付一定数额的金钱
Papiers domestiques	家庭自立的字据
Pénalité	违约金
Personne morale	法人
Personne protégée	受保护的人
Porte – fort	允诺保证/作保
Pouvoirs	权力
Préposé	被指派人

续表

Prescription	时效
Présomption	推定
Présomption judiciaire	法律推定
Preuve	证明
Preuve écrite	书证
Prix	价格
Professionel	职业从业者/经营者
Promesse unilatérale	单方允诺
Promettant	允诺人
Qualité essentielle de la prestation	给付的实质特性
Quasi – contrat	准合同/准契约
Ratification	承认
Ratifier	承认
Reconnaissance de dette	借据
Recours	追偿
Réduction du prix	减价
Registre	登记
Registre professionnel	专业的登记薄
Remise de dette	债务免除
Renégociation	重新协商
Renouvellement	续订
Réparation	补救
Répéter	索回
Représentation	代理
Résiliation	仅向将来的解除
Résolution du contrat	合同的解除
Responsabilité	责任
Responsabilité du fait d'autrui	与他人行为有关的责任/他人行为责任

续表

Responsabilité du fait d'un bâti-ment	与建筑物有关的行为的责任/建筑物责任
Responsabilité du fait des ani-maux	与动物有关的行为的责任/动物行为责任
Responsabilité du fait des choses	与物有关的行为的责任/物的行为责任
Responsabilité du fait des produits défectueux	瑕疵产品责任
Responsabilité extracontractuelle	非合同责任
Restitution	返还
Rétracter	撤回
Révocation	撤销
Ruine	坍塌
Sciemment	有意地
Séquestre	保管
Séquestrer	（在职业保管人处）提存
Serment	宣誓
Serment décisoire	决讼宣誓
Serment déféré d'office	法官依职权要求当事人宣誓
Signature	签名
Silence	沉默
Simulation	假装/隐藏
Sources d'obligations	债的渊源
Stipulant	指定人
Stipulation	条款
Stipulation pour autrui	为他人订立（合同）
Subrogation	代位
Suffisamment grave	足够严重
Sûreté	担保
Surveillance	监督
Suspendre	中止（诉讼时效）
Suspension de l'exécution du contrat	中止合同覆行

续表

Témoignage	证词
Terme	期限
Tiers de connivence	串通的第三人
Transfert	移转
Utilement	有益处地
Validité du contrat	合同的有效性
Vice du consentement	同意的瑕疵
Violence	胁迫
Violence économique	经济胁迫

翻译对照表 II(中文 – 法文)

中文	法文
保管	Séquestre
保全行为	Acte conservatoire
被(代为)承担人	Délégant
被监护	En tutelle
被托管	En curatelle
被指派人	Préposé
表见代理	Mandat apparent
补救	Réparation
不当得利	Enrichissement injustifié
不当得利(无因得利)	Enrichissement sans cause
不定期合同	Contrat à durée indéterminée
不合法的条件	Condition illicite
不可分之债	Obligation à prestation incivisible
不可抗力	Force majeure
不可预见性	Imprévisibilité
不履行的抗辩	Exception d'inexécution

续表

不应给付的清偿	Paiement de l'indu
撤回	Rétracter
撤销	Révocation
撤销诉权	Action paulienne
沉默	Silence
承诺	Acceptation
承认	Ratifier/Ratification
承认	Aveu
迟延利息	Intérêt moratoire
持有	Détenir
出让人	Cédant
串通的第三人	Tiers de connivence
从属	Accessoire
催告	Mis en demeure
错误	Erreur
代理	Représentation
代为承担	Délégation
代为承担接受人	Délégataire
代为承担人	Délégué
代位	Subrogation
代位诉权	Action oblique
担保	Sûreté
单纯取决于债务人意思的条件	Condition potestative
单方行为	Acte unilatéral
单方允诺	Promesse unilatérale
单务合同	Contrat unilatéral
到期	échéance/à l'échéance

续表

道德义务	Devoir de conscience
登记	Registre
抵销	Compensation
缔约能力	Capacité contractuelle
电子表格	Formulaire électronique
电子文书	Écrit électronique
电子形式	Forme électronique
电子邮件	Courrier électronique
定期合同	Contrat à durée déterminée
动物责任	Responsabilité du fait des animaux
对价	contrepartie
法定利息	Intérét légal
法官依职权要求当事人宣誓	Serment déféré d'office
法规	Décret
法律	Loi
法律行为	Fait juridique
法律行为	Acte juridique
法律推定	Présomption judiciaire
法人	Personne morale
返还	Restitution
非法的条件	Condition illicite
非关联债务	Dettes non connexes
非合同责任	Responsabilité extracontractuelle
服务给付合同	Contrat de prestation de service
附合合同	Contrat d'adhésion
附期限之债	Obligation à terme
附条件之债	Obligation conditionnelle
复数之债	Obligation plurale

副本	Copie
盖戳	Apposition
告知义务	Devoir d'information
给付的实质特性	Qualité essentielle de la prestation
更新	Novation
公共秩序	Ordre public
公证文件	Acte authentique
共同意图	Commune intention
关联债务	Dettes connexes
诡计	Manœuvre
合并之债	Obligation cumulative
合理期待	Attente légitime
合同	Contrat
合同成立	Conclusion du contrat
合同的不履行	Inexécution du contrat
合同的订立	Formation du contrat
合同的解除	Résolution du contrat
合同的解释	Interprétation du contrat
合同的内容	Contenu du contrat
合同的期限	Durée du contrat
合同的强制约束力	Force obligatoire du contrat
合同的效力	Effets du contrat
合同的形式	Forme du contrat
合同的有效性	Validité du contrat
合同的证据	Contrat sur la preuve
合同让与	Cession de contrat
合同无效	Nullité du contrat
合同整体	Ensemble contractuel

合同自由	Liberté contractuelle
混同	Confusion
即时性履行合同	Contrat à exécution instantanée
记载	Mentionner
既判力	Autorité de la chose jugée
继受人	Acquéreur
继续性履行合同	Contrat à exécution successive
家庭自立的字据	Papiers domestiques
价格	Prix
监督	Surveillance
减价	Réduction du prix
建筑物责任	Responsabilité du fait d'un bàtiment
交付	Délivrance
教育者	Instituteurs
解除	Résolution
解除（仅向将来的解除）	Résiliation
解除条件	Condition résolutoire
解除条款	Clause résolutoire
借据	Reconnaissance de dette
经济胁迫	Violence économique
决讼宣誓	Serment décisoire
绝对无效	Nullité absolue
看管	Guard
可替代的	Fongible
可要求履行性	Exigibilité
宽限期	L'élai de grace
框架合同	Contrat cadre
滥用条款	Clause abusive

利益	Avantage
连带之债	Obligation solidaire
履行不能	Impossibilité d'exécuter
履行期已经到来的	Exigible
律师副署文件	Acte contresigné par avocat
秘密附约	Contre – lettre
秘密信息	Information confidentielle
明显不公平	Déséquilibre significatif
能力	Capacité
判给	Allouer
破坏(合同)性质	Dénaturation
期限	Terme
期限利益的丧失	Déchéance
欺诈	Dol
欺诈过错	Faute dolosive
签名	Signature
签署	Apposition
强制实际履行	Exécution forcée en nature
轻率	Imprudence
清偿	Paiement
权力	Pouvoirs
缺陷	Défaut
确定的	Certaine
确认/追认	Confirmation
任意之债	Obligation facultative
善意	Bonne foi
伤害	Mal
射幸合同	Contrat aléatoire

续表

失效	Caducité
师傅	Artisan
时效	Prescription
实定合同	Contrat commutatif
实践合同	Contrat solennel
实质债务	Obligation essentielle
手段	Manœuvre
受保护的成年人	Majeur protégé
受保护的人	Personne protégée
受让人	Cessionnaire
受益人	Bénéficiaire
书面形式	Écrit
书证	Preuve écrite
书证之绪端	Commencement de preuve par écrit
疏忽	Negligence
双务合同	Contrat synallagmatique
司法传唤	Assignation en justice
司法助理职位	office ministériel
私人利益	Intérêt privé
私署文书	Acte sous seing privé
私署文书	Acte sous signature privée
损害	Lésion
损坏	Détérioration
索回	Répéter
他人行为责任	Responsabilité du fait d'autrui
坍塌	Ruine
特别条款	Conditions particuliéres
提存	Consignation

续表

条件不成就	Eéfaillance
条件成就	Accomplissement
条款	Stipulation
通用条款	Conditions générales
通知	Avis
通知	Accuser
同意	Consentement
同意的瑕疵	Vice du consentement
推定	Présomption
为他人订立（合同）	Stipulation pour autrui
违反	Détourner
违约金	Pénalité
违约金条款	Clause pénale
委托	Mandat
未成年人	Mineur
文书	Écrit
无偿合同	Contrat à titre gratuit
无名合同	Contrat innommé
无效的抗辩	Exception de nullité
无因管理	Gestion d'affaire
物的责任	Responsabilité du fait des choses
瑕疵产品责任	Responsabilité du fait des produits défectueux
现有的	Liquide
相对无效	Nullité relative
相对效力	Effet relatif
协商	Négociation
协商合同	Contrat de gré à gré
协议无效	Nullité conventionnelle

续表

胁迫	Violence
信托局	Caisse des dépôts et ccnsignations
虚假的或者微不足道的对价	Contrepartie illusoire ou dérisoire
续订	Renouvellement
宣誓	Serment
选择之债	Obligation alternative
询问权	Action interrogatoire
要式合同	Contrat réel
要约	Offre
一般利益	Intérêt général
依赖状态	Etat de dépendance
移转	Transfert
移转效力	Effet translatif
以电子形式订立的合同	Contrat conclu par voie électronique
以权利相威胁	Menace de voie de droit
意定合同	Contrat consensuel
隐藏	Simulation
永久的债务负担	Engagement perpétuel
优先协议	Pacte de préférence
有偿合同	Contrat à titre onéreux
有益处地	Utilement
有意地	Sciemment
原因	Cause
约因	Cause
允诺保证/作保	Porte – fort
允诺人	Promettant
在信托局处提存	Consigner
在职业保管人处提存	Séquestrer

责任	Responsabilité
责任负担	Charge
赠予	Libéralité
债	Obligation
债的灭失	Extinction de l'obligation
债的渊源	Sources d'obligations
债权让与	Cession de créance
债权让与人	Créancier cédant
债权人的催告	Mise en demeure du créancier
债权人的诉权	Action du créancier
债务承让人	Débiteur substitué
债务免除	Remise de dette
债务让与	Cession de dette
针对第三人/向第三人	A l'égard des tiers
整体交易	Opération d'ensemble
证词	Témoignage
证据的冲突	Conflit de preuve
证据模式	Modes de preuve
证明	Preuve
证明	Motiver
支付	Paiement
支付一定数额的金钱	Paiement de somme d'argent
直接诉权	Action directe
职业保管人	Gardien professionnel
职业从业者/经营者	Professionel
指定人	Stipulant
指派人	Commettant
指数	Indice

续表

中断（诉讼时效）	Interrompre
中止（诉讼时效）	Suspendre
中止合同履行	Suspension de l'exécution du contrat
终局性的	Définitif
重大过错	Faute lourde
重新协商	Renégociation
专业的登记簿	Registre professionnel
转存合同	Archivage du contrat
转让	Aliénation
追偿	Recours
追认书	Acte recognitif
准合同	Quasi – contrat
准契约	Quasi – contrat
自然债务	Obligation naturelle
足够严重	Suffisamment grave
最初债务人	Débiteur originaire

参考文献

（一）中文文献

1. 著（译）作类

陈朝璧，《罗马法原理》，法律出版社 2006 年 9 月版。

陈鹏、张丽娟、石佳友、杨燕妮、谢汉琪译，《法国民法总论》（雅克·盖斯旦、吉勒·古博、缪黑埃·法布赫－马南协著），法律出版社，2004 年版。

胡军，《法国现代金融有价证券的私法分析》，知识产权出版社，2010 年版。

金邦贵译，《法国商法典》，中国法制出版社，2000 年版。

金邦贵主编，《法国司法制度》，法律出版社，2008 年版。

李浩培、吴传颐、孙鸣岗译，《拿破仑民法典》（Dalloz 出版社 1928 年法文版），商务出版社，2006 年印。

李世刚，《法国担保法改革》，法律出版社，2011 年版。

梁慧星主编：《中国民法典草案建议稿（第二版）》，法律出版社 2011 年版。

［法］勒内·达维德：《当代主要法律体系》，漆竹生译，上海译文出版社 1984 年版

罗结珍译，《法国民法典》（Legifrance 网站 2009 年 11 月 20 日版），北京大学出版社，2010 年印。

罗结珍译，《法国民法典》（2004 年翻译版），法律出版社，2005 年印。

罗结珍译，《法国财产法》（弗朗索瓦·泰雷、菲利普·森勒尔著），中国法制出版社，2008 年版。

罗结珍、赵海峰译，《法国商法》（伊夫·居荣著），法律出版社，2004 年版。

罗瑶，《法国民法外观理论研究》，法律出版社，2011 年版。

丁伟译，《法国司法制度》（皮埃尔·特鲁仕主编），北京大学出版社，2012 年版。

韩世远译，《欧洲合同法原则（第一部分与第二部分全文本）》，《民商法论丛》第

12 卷。

何勤华:《西方法学史》,中国政法大学出版社 1996 年版。

石佳友,《民法法典化的方法论问题研究》,法律出版社,2007 年版。

王利明主编:《中国民法典学者建议稿及立法理由:侵权行为编》,法律出版社 2005 年版。

王利明主编:《中国民法典学者建议稿及立法理由(债法总则编、合同编)》,法律出版社 2005 年版。

尹田,《法国现代合同法》,法律出版社,1995 年版。

尹田,《法国现代合同法:契约自由与社会公正的冲突与平衡》,法律出版社,2009 年版。

尹田,《法国物权法》,法律出版社,1998 年版。

尹田,《法国物权法》,法律出版社,2009 年版。

于海涌,《法国不动产担保物权研究(第二版)》,法律出版社,2006 年版。

张民安,《现代法国侵权责任制度研究(第二版)》,法律出版社,2007 年版。

张俊浩主编:《民法学原理》(修订第三版),中国政法大学出版社 2000 年版。

2. 论文

崔建远:"编纂民法典必须摆正几对关系",载《清华法学》2014 年第 6 期,第 43 - 53 页。

崔建远:"中国债法的现状与未来",《法律科学》2013 年第 1 期,第 135 - 141 页。

崔建远:"债法总则与中国民法典的制定——兼论赔礼道歉、恢复名誉、消除影响的定位",《清华大学学报(哲学社会科学版)》2003 年第 4 期,第 67 - 76 页。

郭明瑞:"关于编纂民法典须处理的几种关系的思考",《清华法学》2014 年第 6 期,第 34 - 42 页。

梁慧星:"中国民法典编纂的几个问题",《山西大学学报(哲学社会科学版)》2003 年第 5 期,第 13 - 19 页。

梁慧星:"我国民法典制定中的几个问题",载公丕祥主编:《法制现代化研究(第九卷)》,南京师范大学出版社 2004 年版,第 341 - 359 页。

刘保玉,周玉辉:"论我国民法典编纂的'四个面向'",《法学杂志》2015 年第 10 期,第 29 - 40 页。

柳经纬:"我国民法典应设立债法总则的几个问题",《中国法学》2007 年第 4 期,第 3 - 12 页。

刘言浩:"法国不当得利法的历史与变革",《东方法学》2011 年第 4 期,第 132 -

139 页。

覃有土、麻昌华：“我国民法典中债法总则的存废”，《法学》2003 年第 5 期，第 101 - 104 页。

孙宪忠：“我国民法立法的体系化与科学化问题”，《清华法学》2012 年第 6 期，第 46 - 60 页。

王利明：“论债法总则与合同法总则的关系”，《广东社会科学》2014 年第 5 期，第 224 - 236 页。

王利明：“债权总论在我国民法典中的地位及其体系”，《社会科学在线》2009 年第 7 期，第 225 - 233 页。

王胜明：“制订民法典需要研究的部分问题”，《法学家》2003 年第 4 期，第 9 - 13 页。

薛军：“论未来中国民法典债法编的结构设计”，《法商研究》2001 年第 2 期，第 50 - 58 页。

杨立新：“论民法典中债法总则之存废”，《清华法学》2014 年第 6 期，第 81 - 96 页。

朱广新：“论债法总则的体系地位与规范结构”，《北航法律评论》2013 年第 1 辑，第 58 - 79 页。

朱广新：“超越经验主义立法：编纂民法典”，《中外法学》2014 年第 6 期，第 1422 - 1443 页。

（二）法文文献

1. 专著与博士论文（按第一作者姓氏字母顺序排列）

A. Bénabent, Droit civil, les obligations, 9ᵉ éd. , Montchrestien, 2009.

A. Bénabent, Droit civil, les obligations, 11ᵉ éd. , Montchrestien.

C. Bufnoir, Théorie de la condition dans les divers actes juridiques, suivant le droit romain, Paris, Cotillon, 1866.

M. Cabrillac & Ch. Mouly, Droit des sûretés, 7ᵉ éd. , Litec, 2004.

R. Cabrillac, Droit des obligations, 9ᵉ éd. , Dalloz, 2010.

R. Cabrillac, L'acte juridique conjonctif en droit privé français, sous la direction de P. Catala, LGDJ, 1990.

A. Colin et H. Capitant, Cours élémentaire de Droit civil français, t. II. 5ᵉ éd. , 1928, Dalloz.

A. Danis - Fatôme, Apparence et contrat, préf. G. Viney, LGDJ, 2004.

D. Deroussin, Histoire du droit des obligations, Economica, 2007.

M. Douchy, La notion de quasi – contrat en droit positif français, préf. Alain seriaux, Economica, 1997.

J. Dupichot, Le droit des obligations. 5ᵉ éd. corrigée, 1997, PUF.

J. Flour, J. – L. Aubert, E. Savaux, Droit civil, Les obligations 1. L'acte juridique, 14ᵉ éd. , Sirey, 2010.

J. Flour, J. – L. Aubert, E. Savaux, Droit civil, Les obligations, 2. Le fait juridique, 12ᵉ éd. , Sirey.

G. Cornu（dir.）, Vocabulaire juridique, PUF, 2007.

J. Hauser, Objectivisme et subjectivisme dans l'acte juridique: contribution à la théorie générale de l'acte juridique, sous la direction de P. Raynaud, 1971, Libr. générale de droit et de jurisprudence.

V. Lasserre – Kiesow, La technique législative: étude sur les codes civils français et allemande, LGDJ, 2002.

F. Limbach, Les consentement contractuel à l'épreuve des conditions générales, De l'utilité du concept de déclaration de volonté, LGDJ, 2004.

G. Marty, P. Raynaud, Droit civil, t. II, Les obligations, 1962, Sirey.

Ph. Malaurie, Droit civil: introduction générale, éd. 1994 – 1995, Cujas, p. 157 – 166.

Ph. Malaurie, L. Aynès, Ph. Stoffel – Munck, Cours de droit civil: Les obligations, 5ᵉ éd. , 2011, Dalloz.

M. Planiol, Traité élémentaire, t. II, 9ᵉ éd. , 1913, Libr. générale de droit et de jurisprudence

M. Planiol, G. Ripert, Traité pratique de droit civil français, t. VI et VII, Obligations, 2ᵉ éd. , 1954, Libr. générale de droit et de jurisprudence.

A. Rieg, Le rôle de la volonté dans l'acte juridique en droit civil français, préf. R. Perrot, LGDJ, 1961.

H. Roland, L. Boyer, Locutions latines du droit français, Litec, 4ᵉ éd. , 1998.

G. Roujou de Boubée, Essai sur l'acte juridique collectif, préf. G. Marty, Libr. générale de droit et de jurisprudence, 1961.

R. Saleilles, Essai d'une théorie générale de l'obligation: d'après le projet de Code civil allemande, Paris, F. Pichon, 1890.

F. Terré, Ph. Similer, Droit civil: les biens, 6ᵉ éd. , Dalloz, 2002.

O. Salvat, Le recours du tiers contre la personne dont il a payé la dette, Defrénois 2004.

Ph. Simler, Ph. Delebecque, Droit civil: les sûretés, la publicité foncière, 4ᵉ éd. , Dalloz,2004.

F. Terré,P. Simler,Y. Lequette,Droit civil,Les obligations,10ᵉ éd. ,Dalloz,2010.

F. Terré（dir. ）,Pour une réforme du droit des contrats,Dalloz,2009.

F. Terré（dir. ）,Pour une réforme du régime général des obligations,2003,Dalloz.

H. Vizioz La Notion de quasi – contrat,étude historique et critique,Thèse pour le doctorat, Bordeaux,Y. Cadoret,1912.

G. Wicker, Les fictions juridiques, Contribution à l'analyse de l'acte juridique, préf. J. Amiel – Donat,LGDJ,1997.

2. 法文论文（按第一作者姓氏字母顺序排列）

P. Ancel,Acte juridique et déclaration de volonté:la greffe allemande sur le droit français des obligations,in Traditions savantes et codifications,Colloque ARISTEC des 8,9 et 10 septembre 2005,LGDJ,2007,p. 161 – 186.

J. – M. Augustin,Les classifications des sources des obligations de Domat au Code civil,in L'enrichissement sans cause. La classification des sources des obligations,études réunies par V. Mannino C. Ophèle,LGDJ,2007,p. 119 – 129.

J. Beauchard,Classification des sources des obligations dans les projets de codes contemporains,in L'enrichissement sans cause. La classification des sources des obligations,études réunies par V. Mannino,C. Ophèle,LGDJ,2007,p. 171 – 184.

Commission de réforme du code civil,Avant – projet de code civil présenté à M. le Garde des sceaux,ministre de la Justice,I,Livre préliminaire. Livre premier,Sirey,1955.

Commission de réforme du code civil,Travaux de la commission de réforme du code civil, tome III（1947 – 1948）,Sirey,1949.

Ph. Conte,Faute de l'appauvri et cause de l'enrichissement,RTD civ. 1987,223.

C. Crome,Les similitudes du Code civil allemand et du Code civil français,in Le Code civil 1804 – 1904,Livre du Centenaire,réédition,présentation J. – L. Halpérin,Dalloz,2004, p. 587 – 614.

L. D'Avout,Rémy CABRILLAC（dir. ）,Quel avenir pour le modèle juridique français dans le monde(Economica,coll. Etudes juridiques,2011),RTD civ. 2012.

E. Eiliberti,Pleins feux sur l'ordonnance sûretés,entretien avec Dimitri Houtcieff,professeur à la faculté de droit d'Evry – Val d'Essonne,petites affiches,28 avril 2006,n°85,p. 4 – 9.

J. Fortunat Stagl, La réception de la théorie de l'acte juridique (Rechtsgeschäft) en Autriche grace à J. Unger, in Traditions savantes et codifications, p. 187 – 208.

J. Ghestin, L'erreur du solvens, condition dela répétition de l'indu, D. 1972, chron. 277.

M. Grimaldi, Exposé des motifs du projet de réforme présenté, RDC juill. 2005, p. 783 et s.

M. Grimaldi, Ouverture du colloque, in. Propositions de l'Association Henri Capitant pour une réforme du droit des biens, sous la direction de Hugues Périnet – Marquet, Litec, 2009, p. 1 – 5.

M. Grimaldi, Vers la réforme des sûretés, RJC 2005.

R. Houin, La technique de la réforme des codes français de droit privé, Revue internationale de droit comparé, 1956, Vol. 8 N 1, p. 9 – 27.

L. Julliot de La Morandière, Le rapport au garde des Sceaux, in Avant – projet de code civil présenté à M. le Garde des sceaux, ministre de la Justice, I, Livre préliminaire. Livre premier, par Commission de réforme du code civil, Sirey, 1955.

J. Mouly, Une règle de nature à induire en erreur: la réticence dolosive rend toujours excusable l'erreur provoquée, D. 2012, p. 1346.

P. Remy, Des autres sources d'obligations, in Pour une réforme du régime général des obligations (sous la direction de F. Terré), 2003, Dalloz, p. 31 – 50.

P. Remy, Observations générales sur le plan proposé pour un livre III, Des obligations, in. Pour une réforme du droit des contrats (sous la direction de F. Terré), Dalloz, 2009, p. 105 – 107.

P. Remy, Plans d'exposition et catégories du droit des obligations, in. Pour une réforme du droit des contrats (sous la direction de F. Terré), Dalloz, 2009, p. 83 – 103.

P. Remy, Réviser le Titre III du Livre III du Code civil, RDC 2004. 1176.

G. Ripert, La règle morale dans les obligations civiles, 4e éd., LGDJ, n° 138 – 147, p. 246 et s.

A. M. Romani, La faute de l'appauvri dans l'enrichissement sans cause et la répétition de l'indu, D. 1983, Chron. 127.

A. M. Romani, La faute de l'appauvri dans l'enrichissement sans cause et la répétition de l'indu, D. 1983, Chron. 127.

J. Périnet – Marquet, Le droit à l'action de in rem verso encase de faute de l'appauvri, JCP G. 1982, I, 3075.

R. Sacco, Modèles français et modèles allemands dans le code civil italien, Revue internationale de droit comparé,1976,Vol. 28 N 2,p. 225 – 234.

R. Thunhart,Le paiement de l'indu en droit comparé français,allemand,autrichien et suisse,RIDC,2001,p. 183 – 192.

E. Von Caemmerer,Problèmes fondamentaux de l'enrichissement sans cause,in RIDC,vol. 18 n 3,1966,p. 573 – 592.

C. Witz,Contrat ou acte juridique,in Pour une réforme du droit des contrats（sous la direction de F. Terré）,Dalloz,2009,p. 51 – 65.

（三）英文文献

M. A. Glendon, M. W. Gordon, and P. G. Carozza, Comparative legal traditions, 3rd ed. , 2007,Thomson West.

P. Birks,An Introduction to the Law of Restitution（revised edition）,1989,Clarendon Press.

A. Burrows,E. McKendrick,J. Edelman,Cases and Materials on the Law of Restitution,1st ed.（1997）,2nd ed.（2005）,Oxford University Press.

A. Burrows（ed.）,Oxford Principles of English Law:English Private Law,1st ed. ,2000, and 3rd ed. 2013,Oxford University Press.

G. Dannemann,The German Law of Unjustified Enrichment and Restitution:A Comparative Introduction,2009,Oxford University Press.

R. Goff,G. Jones,The Law of Restitution1st ed. ,（1966）,7th ed.（2009）,Swert & Maxwell

Study Group on a European Civil Code,Research Group on the Existing EC Private Law（Acquis Group）（ed.）,Principles,Definitions and Models Rules of European private Law,DCFR,Sellier,2008.

R. Zimmermann,The New German Law of Obligations:Historical and Comparative Perspectives,3rd ed. ,2005,Clarendon Press.

K. Zweigert, H. Kötz, Introduction to comparative law（translated from German by T. Weir）,3rd ed. ,Oxford,1998.